AF199870

Liebesgöttin Freyja

Liebesgöttin Freyja

Die beliebteste Göttin
unserer Vorfahren

Baron Árpád von Nahodyl Neményi

Altheidnische Schriften

BoD - Books on Demand, Norderstedt

FSC
www.fsc.org
MIX
Papier aus ver-
antwortungsvollen
Quellen
Paper from
responsible sources
FSC® C105338

Umschlagbild: Nach dem Gemälde Geburt der Venus (1863) von
Eugène Emmanuel Amaury-Duval (Lille, Palais des Beaux-Arts).

Buchbeschreibende Angaben der Deutschen Nationalbibliothek:
Die Deutsche Nationalbibliothek verzeichnet diese Veröffentlichung in der Deutschen
Nationalbibliographie; genauere buchbeschreibende Angaben sind im Weltnetz
über www.dnb.de abrufbar.

© 2020 Baron Árpád von Nahodyl Neményi

Herstellung und Verlag: BoD – Books on Demand, Norderstedt
ISBN 978-3-7519-9464-4

Inhalt

Vorwort

Die Göttin Freyja gehörte schon zur Vikingerzeit zu den populärsten Göttinnen, was man auf Grund der Anzahl auf Sie deutbarer Ortsnamen folgern kann. Auch bei Heiden unserer Zeit erfreut sich die Göttin besonderer Beliebtheit. Dennoch sind über Freyja Vorstellungen im Umlauf, die Ihr in keinster Weise entsprechen und Ihrem Wesen nicht gerecht werden. Während man die Göttin in der Gründerzeit zu Anfang des vergangenen Jahrhunderts eher als brave, schüchterne junge Frau darstellte, sehen Sie Künstler unserer Tage oft als brutale, kämpfende, dunkle Domina oder als in schwarzes Leder gekleidetes, tätowiertes und sexbesessenes Ungetüm.

Es ist also höchste Zeit, daß sich unsere Vorstellungen ein wenig der Realität dieser Göttin anpassen, denn Sie ist sicher nicht froh darüber, daß man Sie so grotesk darstellt. Ja, Gottheiten sind real, sind lebende Wesen einer uns meist verborgenen Welt; in diesem Buch geht es um diese reale Göttin; es ist keine archäologische oder philologische Abhandlung über etwas Nichtexistentes, sondern ein Buch über eine spirituelle Wesenheit, die es wirklich gibt, eben eine Göttin.

Da aber unser Vermögen, in die Welt der Götter zu blicken, sehr beschränkt ist und heute eigentlich gar nicht mehr möglich, müssen wir unser Wissen über Gottheiten aus den erhaltenen Mythen herauslesen. In den Mythen werden Gottheiten geschildert und beschrieben; teils gibt es sogar wörtliche Rede von Ihnen, so daß wir zwischen den Zeilen auch Ihren Charakter erkennen können. Mythen, die ursprünglich durch befähigte, besondere Menschen offenbart wurden, sind neben den höchst seltenen Offenbarungen unserer Jahrhunderte alles, was wir über Gottheiten wissen. Deswegen sind sie uns besonders wertvoll, und deswegen werde ich sie hier in diesem Buch auch vollständig und in genauer Übersetzung anführen. Daß ich auch Überlieferungen verwandter Mythologien mit heranziehe, liegt daran, daß Gottheiten keine auf ein Land oder Volk beschränkte Wesen sind, sondern es sind spirituelle Wesen des Kosmos, die sich in vielen Völkern offenbart haben. Venus ist mit Freyja identisch; nur haben die Römer Ihr abweichende Geschichten zugeschrieben oder hat Sie sich dort mit anderen Mythen offenbart.

Außer den Mythen haben wir nur noch einige archäologische Fundstücke, die uns weiterhelfen, sowie Bräuche, die meist aus späteren Zeiten stammen. Gottheiten wurden nach der Missionierung durch Heilige ersetzt; diese Heiligen tragen oft noch einen Namen, der auch Name oder Beiname der Gottheit war. Nur selten passen aber die Heiligenlegenden zu den zuvor von der Gottheit überlieferten Mythen. Die Missionierer wollten den Kult der Götter durch den Kult ihrer Heiligen ersetzen und haben deren Legenden so gefaßt, daß diese den neuen christlichen Werten entsprechen und von den heidnischen Vorstellungen abweichen. Deswegen kann man Heiligenlegenden der Ersatzheiligen nur mit größter Vorsicht mit in eine Deutung einbeziehen.

Über die Liebesgöttin Freyja ist uns zwar viel überliefert und bekannt, es gibt aber dennoch viele Lücken in unserem Wissen, die auch dieses Buch nicht wird schließen können. Aber es wird helfen, daß wir die Göttin besser verstehen können. Im Gebet sind es unsere Gedanken und Vorstellungen, die die Gottheit herbeirufen; und je genauer unsere Vorstellungen dem tatsächlichen Bilde der Gottheit entsprechen, desto wirksamer wird das Gebet sein, desto eher wird es die Gottheit auch erreichen. Dabei ist auch wichtig, daß wir uns mit dem nötigen Respekt und der nötigen Demut und Bescheidenheit an die Gottheit wenden, nicht als rücksichtslose Forderer, sondern als höfliche Bittsteller, die sich des hohen Rangs einer Gottheit bewußt sind.

Bei den Zitaten aus den Eddas, den altnordischen Mythensammlungen, aus den Sagas (Sagen) und in meinem Text habe ich in der Regel die altnordischen Schreibweisen der Namen beibehalten, daher finden sich die entsprechenden Spezialbuchstaben im Buche, so ǫ = au, ou; Þ = th; ð = d; ø = ö; œ = ö; æ = ae.

Bad Belzig, Herbst 2020

Kapitel 1

Namen der Liebesgöttin

Der altnordische Name „Freyja" bedeutet „Herrin", „die Erste" (indogerm. *pro, „vorwärts, vorn") und ähnelt dem Namen Ihres Bruders, „Freyr" („Herr") sowie auch dem Namen der Götterkönigin „Fria" (Frigg) (altindisch priyā „Geliebte"); tatsächlich wurden wegen der ähnlich klingenden Namen schon in heidnischer Zeit Frigg und Freyja zuweilen verwechselt, insbesondere, wenn wir die ältere Namensform von Frigg, „Fria" oder „Frea" heranziehen. Ein Abbild der Göttin Freyja sieht man in einem medaillonförmigen Hängeschmuck aus einem Grab des 10. Jh. in Aska, Hagebyhöga, Östergötland, der die Göttin sitzend mit über dem Schoß verschränkten Armen in Vorderansicht zeigt. Sie trägt einen mantelartigen Umhang, ein bortengesäumtes Prachtgewand, ein vierreihiges Perlengehänge (Brísingamen) und eine diademartige Kopfbedeckung (Abb. 1).

Im skandinavischen Volkslied heißt die Göttin auch Froijenborg oder Friedleffsborg. Schon die Namensübersetzung mit „Herrin" zeigt uns, daß der Name „Freyja" gar nicht der richtige Name der Göttin ist, sondern ein Anredename. Man hat die Göttin mit „Herrin" angeredet und wohl auch aus Respekt Ihren eigentlichen Namen nicht verwendet. Dasselbe geschah mit Ihrem Bruder Freyr. Dessen richtiger und alter Name lautet „*Ingwaz" bzw. „Ing" oder „Yngvi", was „Sohn, Nachkomme" bedeutet (vgl. schwedisch „yngling", gotisch „enguz"). Bei den Celten heißt der Gott „Óenguz" („die einmalige Wahl", „der Außergewöhnliche, Einzigartige") und diese Namensformen sind die echten Namen Freyrs. Bleibt also die Frage, wie der echte Name der Liebesgöttin denn lautet; dazu wird dieses Buch vielleicht Hinweise geben können.

Übrigens gibt es die Unterscheidung von i und j erst seit dem 16. Jh., deswegen steht in den altnordischen Texten immer ein i: „Freyia", ich verwende aber aus Gewohnheit weiterhin das j, weil so die Namen leichter lesbar sind und die Runen ja auch i und j unterschieden.

Abb. 1: Freyja-Amulett von Aska, Hagebyhöga, Östergötland, 10. Jh.

Die deutsche Namensform des Anredenamens „Freyja" lautet „Frowa" oder „Frova", also wiederum „Frau, Herrin". Man kann die vielen Orts- und Flurnamen, die den Bestandteil „Frau" enthalten, z. B. „Frauenberge" auf die Liebesgöttin beziehen und würde dann eine sehr große Anzahl von Kultstätten bei uns finden. Aber leider haben die Christen ihre Maria auch „unsere liebe Frau" genannt, so daß viele derartige Ortsnamen vielleicht erst in christlicher Zeit entstanden und nie etwas mit der Liebesgöttin zu tun hatten. Auch gibt es einige „Frau"-Ortsnamen, die sich auf „Frau Holle" beziehen. Frau Holle aber ist ein Name der Göttin Fria (Frigg), nicht von Frowa (Freyja). Und schließlich erzählte uns der Gott Óðinn in der Jüngeren Edda, daß man auch nach Freyjas Namen vornehme Weiber „Fróvur" (Frauen) nannte. Die ganze Edda-Stelle handelt auch von Freyjas Familie, daher zitiere ich sie hier vollständig (Gylfaginning 24). Freyja gehört ja zur Familie der Vanengötter, wurde dann aber auch unter die Ásengötter aufgenommen. Man hat die Götter der Vanen als ursprüngliche Götter eines andern Volkes, die vor der Ankunft der Indogermanen verehrt wurden, betrachtet. Das halte ich für falsch, denn alle Vanengötter finden wir auch bei den andern indogermanischen Mythologien:

»Njorður in Nóatún zeugte seitdem zwei Kinder. Der Sohn Freyr und die Tochter Freyja. Sie waren schön von Antlitz und mächtig. Freyr ist der berühmteste unter den Ásen. Er herrscht über Regen und Sonnenschein und das Wachstum der Erde und ihn soll man anrufen um gutes Jahr und Frieden. Er herrscht auch über das Reichtumsglück der Menschen. Freyja ist die berühmteste der Ásinnen. Sie hat die Wohnng im Himmel, die Fólkvangr heißt, und wenn sie zum Kampfe zieht, gehört die Hälfte der Gefallenen ihr und die Hälfte Óðinn, wie hier gesagt ist:

> *„Fólkvangr heißt es, da hat Freyja Gewalt*
> *Die Sitze zu ordnen im Saal.*

Der Valstatt Hälfte wählt sie täglich;
Óðinn hat die andre Hälfte."

Ihr Saal Sessrúmnir ist groß und schön. Wenn sie ausfährt, sind zwei Katzen [köttum] vor ihren Wagen gespannt. Sie ist denen gewogen, welche sie anrufen, und von ihr hat der Ehrenname den Ursprung, daß man vornehme Weiber Frówur nennt. Sie liebt den Minnesang und es ist gut, sie in Liebessachen an-zurufen.«

Freyjas richtigen Namen müssen wir wohl zuerst unter Ihren Bei-namen oder auch unter den Namen der Liebesgöttin bei den ver-wandten Mythologien suchen, denn es wäre unlogisch, wenn Ihr richtiger Name vergessen sein sollte.

Freyjas Beinamen werden in der Jüngeren Edda von Óðinn er-wähnt, und zwar in Gylfaginning 35:

»Freyja ist die vornehmste nach Frigg; sie ist einem Manne vermählt, der Óðr heißt. Deren Tochter heißt Hnoss: die ist so schön, daß nach ihrem Namen al-les hnossir genannt wird, was schön und kostbar ist. Óðr zog fort auf ferne Wege, und Freyja weint ihm nach und ihre Zähren sind rotes Gold. Freyja hat viele Namen: die Ursache ist, daß sie sich oft andere Namen gab, als sie Óðr zu suchen zu unbekannten Völkern fuhr. Sie heißt Mardǫll und Hǫrn, Gefn, Sýr. Freyja besitzt den Halsschmuck, Brísingamen. Sie heißt auch Vanadís.«

Freyjas Beiname Mardǫll bedeutet „die das Meer Erleuchtende" oder (weniger wahrscheinlich) „die das Meer anschwellen läßt". Der Name bezieht sich sicher auf das Meerleuchten, welches der Freyja also zugeordnet wird; die Übersetzung mit dem Anschwellen (zu þǫll) müßte sich auf Wellen oder noch eher auf die eintretende Flut beziehen. Da der Mond Ebbe und Flut bewirkt, wäre hier also auch eine Verbindung zum Monde angedeutet.

Der Göttin Freyja entspricht die griechische Göttin Aphrodite, und deren Name hat man mit aphrós („Schaum" des Meeres) und déato („Schein, Anschein") zusammengebracht, so daß „Aphrodite" ganz ähnlich wie Mardǫll mit „die im Schaum (des Meeres) Aufstrahlende" übersetzt wird.

Der Name Hǫrn wird von Forschern mit „hǫrr" („Flachs") in Verbindung gebracht, und deswegen wird Freyja als Schutzgottheit der Flachsverarbeitung interpretiert. Ich glaube aber, daß „Hǫrn" zu horn als Bezeichnung des Hornes zu stellen ist. Es kann damit ein Trinkhorn gemeint sein, oder die hornförmige Mondsichel. Mit Flachsverarbeitung hat Freyja nichts zu tun, und keine einzige Quelle behauptet so etwas. In Schweden gibt es einige Ortsnamen Hœrnavi, Hærnavi, Härnevi und Järnevi, die man auf *Hǫrnar-vé („Heiligtum der Hǫrn") zurückführt und wo Kulte der Freyja unter diesem Beinamen stattfanden.

Gefn ist ein Beiname, der besonders bedeutend ist. Er ist nämlich nur eine Verkürzung aus Gefjon oder Gefjun und wird wie dieser mit „die Gebende" übersetzt. Der Name spricht für die Identität von Gefjon und Freyja und klingt an den Namen der Votivinschriftlich bezeugten Matrone (Muttergöttin) Gabiae („die Gebende") an. Mit dem Geben kann aber auch der Mond als Förderer des Wachstums angesprochen sein.

Der Beiname Sýr bedeutet „Sau" und ist wohl auch eine Verkürzung. Bei Saxo Grammaticus finden wir den Namen als Syritha. Paul Hermann ergänzte ihn zu „Si[g]riða" („Sieg-Reiterin"), doch scheint mir die Vorstellung, ein „g" sei ausgefallen, weniger glaubwürdig. Vielleicht ist es eine alte Namensform von „Syr-riða" („Sau-Reiterin"), die nur in Runen vorlag; bei Runen ließ man in der Regel Doppelbuchstaben weg und so konnte bei Saxo das eine

„r" fortgefallen sein. Im Mythos des Hyndluljóð reitet Freyja ja tatsächlich auf einem Schwein.

Abb. 2: Sirona von Hochscheid.

Dieser Name aber ist auch deswegen interessant, weil er dem Namen einer celtischen Göttin entspricht, der Göttin Sirona (auch „Ðirona" genannt, das gestrichene Ð stand für „St/Ts" also „Tsirona" oder „Stirona"). Sirona finden wir bereits auf vielen Votivinschriften der Römerzeit, sie wird als langgewandete Frau mit Traube und Ähre, mit drei Eiern oder mit einer Schlange dargestellt; auf dem Haupt trägt Sie (z. B. auf der Figur vom Quellheiligtum von Hochscheid, Abb. 2) ein Diadem und galt als eine Göttin der Heilquellen. Doch tritt Sie auch mit einer Mondsichel auf dem Haupt in Erscheinung, was wiederum einen Mond- oder Nachtbezug andeutet. Ihr Name bedeutet „Stern" (celt. „stirona", lat. „stella"). Wenn die Namen Syritha und Sirona gleichen Ursprungs sind, dann müssen wir wohl eher die celtische Übersetzung heranziehen; mit „Sau" hat der Name dann nichts zu tun. Sirona erscheint in einem Dutzend Inschriften neben Apollo Grannus. Apollo entspricht dem Gott Óðinn-Wodan, Grannus („der Glänzende" oder „Herr des warmen Wassers") verdeutlicht den Aspekt der Heilung; zu den Heiligtümern (in Grand, in Faimingen, in Granheim oder in Aachen) pilgerten Menschen durch das ganze Römische Reich.

Die vier Beinamen Mardǫll, Hǫrn, Gefn und Sýr hat man auch auf die vier Mondphasen gedeutet, und zwar könnte Mardǫll der leuchtende Vollmond sein, Hǫrn die Mondsichel (das Mondhorn) des abnehmenden Mondes, Gefn der „gebende" zunehmende Mond, und Sýr in der Deutung als „Stern" würde dem Schwarzmond entsprechen, was nicht ganz so überzeugend ist. Die Sterne treten im Blickfeld natürlich hervor, wenn man den Mond nicht sieht.

Der in der Edda eigens am Schluß noch aufgezählte Beiname „Vanadís" bedeutet „Vanen-Díse" (Dísen sind weibliche Geistwesen), in Gylf. Kap. 35 und Sksk. 20 heißt Sie auch „Vanagoð" („Vanen-Göttin") und in Sksk. 37 „Vanabrúðr" („Vanen-Braut"). Die Vanen sind die Familie der Göttin Freyja, aber der Name Vanen („die Strahlenden", die Übersetzung ist umstritten) ist mit dem römischen Namen der Liebesgöttin, Venus (von venire, „Kommen, Hervorkommen, Wachsen"), identisch. Venus war in der ursprünglichen Vorstellung der Römer eine Göttin der Gartengewächse.

Ein anderer Beiname lautet Skjálf („Zittern, Beben"); er wird mit den anderen Beinamen der Freyja in den Nefnaþulur der Jüngeren Edda aufgezählt. Der Vers lautet:

> *»Weinte über den Óðr golden Freyja.*
> *Ihre Namen sind Hǫrn und Þrungva,*
> *Sýr, Skjálf und Gefn und dazu Mardǫll.*
> *Ihre Töchter sind Hnoss und Gørsemi.«*

In der Ynglinga Saga (Kap. 19) ist der Name Skjálf aber auf die Tochter König Frostis von Finnland bezogen worden, den König Agni erschlägt. Agni nimmt Skjálf zur Frau und diese rächt sich, indem sie den trunkenen König mithilfe eines Halsbandes an einem Baum erhängt. Darüber handelt auch die Hulda Sage. Möglicherweise ist hier ein Mythos der Freyja zu einer Geschichte von Menschen geworden, wobei das Halsband noch an Freyjas Halsschmuck Brísingamen erinnert.

Der andere Beiname, Þrungva („dringen, drängen, pressen") kann man als „mit Kummer voll" oder „kummerschwer" deuten, was sich dann auf Freyjas Kummer um Óðr bezieht. Oder es meint den Aspekt des Kampfes der Göttin.

In dem zitierten Vers werden übrigens zwei Töchter erwähnt, Hnoss („Kleinod") und Gørsemi (oder Gersimi, „Kostbarkeit, Schmuck") in den anderen Textquellen wird meist nur Hnoss genannt. Aber auch die Ynglinga Saga (Kap. 10) nennt beide Töchter:

»Jetzt übernahm nun Freyja die Leitung der Opfer, denn sie allein war von den Göttern noch am Leben, und sie wurde nun so berühmt, daß nach ihrem Namen alle vornehmen Frauen benannt werden sollten, wie sie noch jetzt „Frúvur" heißen. So hieß fortan jede ‚Freyja', die ein Eigentum hatte, aber die Frau, die eine Wirtschaft unter sich hat, wird húsfreyja [„Haus-Freyja, Haus-Frau"] genannt.

Freyja war ziemlich leichtfertig. Ihr Mann hieß Óðr. Ihre Töchter hießen Hnoss und Gersimi. Sie waren sehr schön. Nach ihrem Namen werden die kostbarsten Kleinodien benannt.«

Weitere Beinamen erwähne ich in den nächsten Kapiteln in ihrem jeweiligen Zusammenhange.

In Skandinavien sind viele Ortsnamen vorhanden, die sich auf Freyja und Ihre Kultstätten beziehen. Die Karte (Seite 19) zeigt ihre Lage. Jeder Punkt auf der Karte ist ein Ort, dessen Ortsname mit dem Namen „Freyja" in Zusammenhang steht, also entweder eine Landschaftsbenennung oder eine Kultstätte, ein Heiligtum oder ein Tempel.

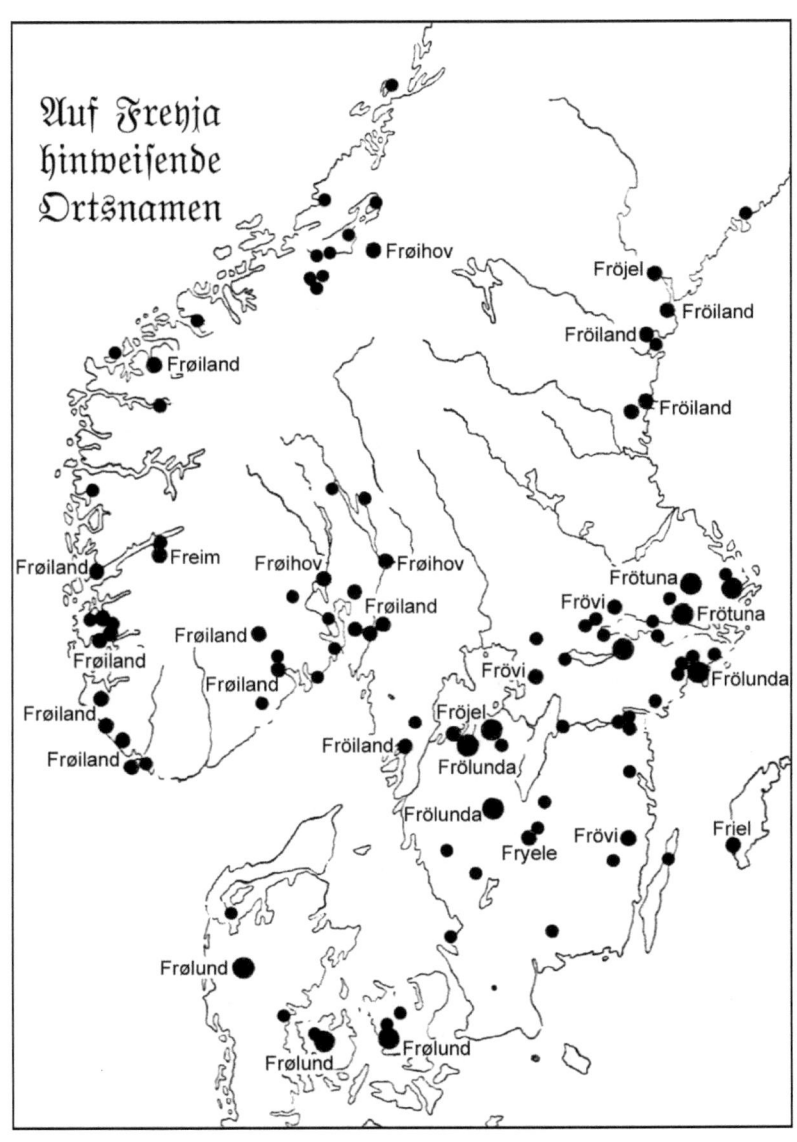

Auf Freyja hinweisende Ortsnamen

Kapitel 2

Venus = Aphrodite

Wir müssen hier ein wenig über Germanien hinausblicken, denn unbestreitbar gibt es deutliche Ähnlichkeiten zu den antiken Liebesgöttinnen.

Venus war nach einer Deutung in der ältesten Vorstellung eine Göttin der Gartengewächse, des Ackers und des Frühlings, worauf auch die schon erwähnte Namensübersetzung hinweist. Der Kult soll vermutlich aus Ardea in Latium nach Rom gelangt sein. In Rom gab es auf dem Forum, südwestlich der Basilica Aemilia, ein kleines Heiligtum der etruskischen Göttin Cloacina, die Schutzgöttin der wichtigsten Abwasserleitung (Cloaca maxima) und Göttin der Reinheit und Sauberkeit (lat. Cloare, „reinigen") war. Später setzte man diese Göttin mit Venus gleich und weihte der „Venus Cloacina" das Heiligtum.

Auf bestimmte Kultorte beziehen sich die Beinamen Murcia (später als Myrtea, „Myrthenfreundin" gedeutet) und Libitina; letzteres ein Heiligtum im Hain der Begräbnisgöttin Libitina. In Ihrem Tempel wurden die Begräbnisutensilien aufbewahrt und die Totenlisten geführt. Der Beiname Marina bezieht sich auf das Meer; noch heute heißt die Seestreitmacht „Marine" nach der Göttin. Als „Venus Libentina" oder „Venus Lubentina" galt Venus als Göttin der sinnlichen Lust. Ihr Name „Venus Genetrix" bezeichnet Sie als Stammmutter des römischen Volkes.

Abb. 3: Venus von Medici. Figur aus dem 1. Jh. u. Zt.

Im 3. Jh. v. u. Zt. wurde Venus mit der griechischen Liebesgöttin Aphrodite gleichgesetzt; ihre Bilder wurden einander angeglichen. Schon Caesar ließ der Venus Genetrix im Jahre 46 v. u. Zt. einen Tempel errichten, wo einmal im Jahre elftägige Spiele, die Veneralien, gefeiert wurden. Im Mars-Ultor-Tempel, den Gaius Octavius Augustus errichten ließ, wurde Venus als Gefährtin des Kriegsgottes Mars verehrt. Der im Jahre 135 vollendete Tempel der Venus und der Göttin Roma in der Nähe des Collosseums ist noch in Resten erhalten.

Der Göttin Venus war der 1. April heilig. An diesem Tage verehrten Frauen neben Fortuna Virilis (Göttin des Glücks der Frauen bei den Männern) und der Concordia (Göttin der Eintracht) die „Venus Verticordia" als Wenderin der Frauenherzen zu Zucht und Sitte. Als „Venus Obsequens" war Sie Göttin der Willfärigen, als „Venus Salacia" die Göttin der Buhlerinnen; als „Venus Fisica" war Sie Stadtgöttin von Pompeij. Die Bezeichnung „Venus pudica" bedeutet „schamhafte Venus" und bezieht sich auf damalige Venusfiguren, die mit ihrer Hand Scham oder Brüste bedecken, wie die Venus von Medici, die im 16. Jh. in Rom gefunden wurde, aber aus dem 1. Jh. stammt (Abb. 3).

Attribute der Venus sind die Delphine, die Myrthe, die Muschelschale (auf der sie aus dem Meere kam), zwei Tauben und ein Spiegel. Sie fährt einen von zwei Katzen oder einem Löwen und einem Leoparden gezogenen Wagen.

Die Vorstellung der Göttin Aphrodite sollen die Griechen laut Herodot und Pausanias schon in mykenischer Zeit aus Asien übernommen haben. Die Phönicier sollen den Kult der Astarte nach Kypos (Cypern) und Kythera (heute Cerigo) gebracht haben, deswegen galten diese Inseln als Geburtsort Aphrodites und erhielt sie die Beinamen Kypris und Kythereia. Dort waren auch die Hauptkultstätten der Göttin. Doch fand die phönicische Kolonisierung

Cyperns erst im 9. Jh. v. Ztw. statt, während wir bereits im 12. Jh. v. u. Zt. in Paphos (Cypern) einen Aphrodite-Tempel finden. Daher wird eher Griechenland als Ursprungsort angenommen. Von Sizilien, dem Berg Eryx, breitete sich der Kult der nun „Venus Erycina" genannten Aphrodite weiter zum italienischen Festland aus. In Rom wurden Ihr 295, 217 und 181 v. u. Zt. Tempel errichtet. Die Indogermanenforschung fand an Hand bestimmter Mythenparallelen (die Schaumgeburt, das Aufsteigen aus den Meeresfluten usw.) Ähnlichkeiten zwischen griechischen Quellen und den Veden, so daß auch eine indogermanische Herkunft (von der Göttin der Morgenröte, Ushas) angenommen wird.

Den Mythos Ihrer Geburt zitiere ich im nächsten Kapitel. Aber die Verwandtschaftsverhältnisse wechseln in den Quellen; Venus gilt als Tochter des Zeus und der Dione, was dem Mythos Ihrer Geburt aus dem Schaum des Meeres, der auch zu Ihrem Beinamen Anadyomene („die Schaumgeborene") führte, widerspicht.

Sie wurde oft an Küstenorten verehrt, auch mit Poseidon zusammen; Ihr Beiname Euploia bedeutet „die gute Fahrt verleiht", Pontía bedeutet „Hafen", Pelagía („das Meer"), Thalassía („die vom Meere", vgl. ihre Mutter Thalassa, „die See"), Limenía („die vom sicheren Hafen"), Argynnís („hellglänzend", vgl. Ushas).

Als Pandemos war Sie zuerst eine Göttin für das ganze Volk, eine Art Staatsgöttin; unter dem Namen errichtete ihr Theseus in Athen einen Tempel. In der Folge aber deutete man den Namen im Sinne einer „Buhlerin für das ganze Volk", so daß Sie die Hetären als eine Göttin der käuflichen Liebe verehrten. Dem entgegen stellte die philosophische Spekulation Ihren Aspekt als Aphrodite Urania, als Himmelsgöttin, als Göttin der himmlischen, reinen und keuschen Liebe. Aber der Beiname Urania hängt eher mit Ihrer Geburt aus dem Glied des Ouranos (Uranus) zusammen. Unter dem Namen Nymphía („die Bräutliche") verehrten heiratswillige Jungfrauen Sie, sowie Witwen, die wieder heiraten wollten. In Sparta opferten Mütter dem Bilde der „Aphrodite Hera", wenn ihre Töchter heirateten. Der Beiname Árma deutet Ihren Liebesaspekt an. Da die Liebe auch in der Nacht geschieht und die Göttin auch die Nacht symbolisiert, gibt es Beinamen wie Melainís, Melaina („die Schwarze"), oder Skotía („die Dunkle"). Der Beiname Apaturía („Täuschung, Betrug") rührt daher, daß die Göttin in der Gegend von Phanagoría im taurischen Chersones von den Giganten angefallen wurde; Sie rief den Hercules zu Hilfe. Er verbarg Sie in einer Höhle, in der Sie die nacheinander Ihr nahenden Giganten jeweils dem Hercules übergab, um sie auf diese Art durch Täuschung umzubringen.

Auf Ihren Aspekt als Empfängerin der Toten deuten Beinamen wie Epitymbidía („die von den Gräbern"), Androphónos („die Männermordende"), Anosía („die Unheilige"). Auch von Freyja ist überliefert, daß Sie Gefallene erhält.

Bei Homer ist Sie „Zeustochter", die „hold Lächelnde" oder „die Goldene". Als „Aphrodite Apostropía" ist Sie die Göttin, die abwendet.

Viele Beinamen beziehen sich auf Kultstätten und Orte Ihres Mythos. Aphrodite Akraía („die von den Gipfeln") bezieht sich auf diverse Bergheiligtümer. Ferner gibt es die Beinamen Akidalía (eine Quelle), Erykíne (Berg Eryx auf Sicilien), Idalía (Stadt Idalion auf Cypern) und Paphía (Stadt Paphos auf Cypern, heute Kouklia).

Im Mythos der vorolympischen Mythologie ist Sie mit dem Vulkan- und Schmiedegott Hephaistos vermählt; Ihre natürliche Schönheit findet eine Ergänzung durch die künstlerische, die der göttliche Schmied meisterlich gestaltete. Sie wurde angeblich mehrfach untreu; ihr Verhältnis zum Kriegsgott Ares gehört aber zur homerischen Götterburleske. Der Schmiedegott erfuhr durch Helios von Ihrer Untreue. Da schmiedete er ein unsichtbares und unzerreißbares Netz, warf es über die Liebenden und ließ die Götter herbeiholen. Der Anblick des mißgestalteten, betrogenen Hephaistos und des gefangenen Paares von Aphrodite und Ares führte zu einem großen Gelächter der Götter. Das Paar aber erhielt Nachkommen, nämlich Eros, Anteros, Harmonia, Deimos und Phobos. Von dem Sterblichen Anchises wurde Sie Mutter des Aeneas (siehe den homerischen Mythos, Kapitel 6). Nur Ihre Liebe zum Knaben Adonis, der auf der Jagd von einem Eber getötet wurde, blieb unerfüllt.

Zu Aphrodites Gefolge gehört neben Eros („Erotik, Sexualität") auch Himeros („Verlangen"), Peitho („Überredungskunst") und die drei Chariten (die drei Grazien, die den Menschen Anmut, Schönheit und Festesfreude bringen).

Aphrodite ist Göttin der Liebe, der Schönheit und der sinnlichen Begierde; Sie wurde als Schutzherrin der Sexualität und der Fortpflanzung verehrt und gehört zu den 12 olympischen Gottheiten. Aphrodite ist auch Anwältin der Ehe, kann Ihre Gunst aber auch schnell entziehen, wenn Sie zornig wird.

Ihre Attribute sind mit denen der Venus fast identisch, also Delphin, Spiegel, Tauben, die Myrthe. Aber auch weitere Attribute finden wir, nämlich einen Zaubergürtel, Schwalben, Schwäne, Sperlinge, Hase, Bock, Wendehals und Schildkröte. Unter den Pflanzen finden wir Bäume wie den Apfelbaum oder Apfel allein, die Linde, Cypresse, Anemone und Rose. An Kräutern den Dost, den Granatapfel, spitzblättriger Spargel und die Mohnblüte. Dazu die als Aphrodisiaca bekannten Kräuter.

Hasen, Tauben, Sperlinge und Rosen sind auch in germanischer Überlieferung der Freyja geweiht.

Aphrodite trat auch in einen Schönheitswettbewerb gegen Athena und Hera, den Paris zu Ihren Gunsten entschied, wofür Sie ihm die schönste Frau der Erde, Helena, zeigte, die Paris raubte, was zum trojanischen Krieg führte. Die nordgermanische Fassung des „Urteils des Paris" zitiere ich später.

Ein anderer, ähnlicher Mythos ist uns von Venus-Aphrodite erhalten. Zwei schöne Schwestern, Landmädchen bei Syracus stritten, welche von ihnen den schönsten Hintern habe und wählten einen Jüngling zum Schiedsrichter, dem sie sich mit über die Hüften emporgezogenem Kleide zeigten. Er gab der älteren den Preis und verliebte sich in sie. Als er die Sache seinem Bruder erzählte, verliebte sich dieser in die jüngere; und der Vater der Brüder willigte in die Vermählung, wofür die dankbaren Mädchen der Venus Callipygos („mit schönen Hinterbacken") oder Calliglutos zu Syracus einen Tempel errichteten.

Kapitel 3

Geburt der Liebesgöttin

Wenn ich jetzt hier von Freyjas Geburt schreibe, dann wird man einwerfen, daß darüber nichts überliefert ist, außer daß wir Ihre Eltern kennen. Aber wir kennen den Mythos der Geburt der Venus, der in Hesiods Theogonie (156-210) enthalten ist. Er unterscheidet sich von unseren Überlieferungen; aber wir wissen mit Sicherheit, daß der Mythos in irgendeiner Form auch bei uns existiert hatte, denn es wurden in Tissø (Fugledegård, Nordwestseeland, Dänemark) drei kleine Freyja-Anhänger der Vikingerzeit gefunden, die die Göttin darstellen. Man deutete sie ursprünglich nur als Frauenfigürchen, doch die katzenartig schräggestellten Augen und das Auswringen der Haare sind Kennzeichen des Geburtsmythos der Liebesgöttin, wonach die Göttin auf einer Muschel dem Meere entstiegen ist und sich nun am Lande die nassen Haare auswringt.
Die Tissø-Figuren (Fugledegård, Nordwestseeland) zeigen auch den Schmuck der Freyja, und sie stammen aus dem 9. / 10. Jh. Zwei der Figuren bestehen aus vergoldetem Silber und sind 4,5 und 4,6 cm groß; die dritte Figur mit großem Haupt ist aus Bronze und 3,4 cm groß (siehe Abb 4 und 5).

Die Göttin Gaia gebiert den Ouranos („Himmel") und mit ihm die Titanen. Weil aber Ouranos die Titanen immer wieder in ihren Leib zurückdrängt, bewaffnet Gaia den jüngsten der Titanen, Kronos, mit einer Eisenwaffe:

Abb. 4: Freyja-Figürchen von Tissø, Fugledegård, Dänemark, 800-1050.

»Und sobald nur einer von ihnen geboren,
jeden schloß er dann fort und ans Licht ließ er keinen gelangen,
tief in Gaias Schoß, und er freute sich noch des Verbrechens,
Ouranos! Sie aber stöhnte im Innern, die riesige Gaia,
grambedrückt; sie ersann eine List, eine schlaue und böse.
Denn sie erzeugte sofort das Geschlecht des hellgrauen Eisens,
formte gewaltig die Sichel und lehrte die Kinder, die lieben;
und sie ermunternd sprach sie, das liebende Herz voller Sorgen:
„Kinder des grausigen Vaters und meine, wenn ihr bereit seid
mir zu gehorchen, so laßt uns strafen die schmähliche Schande
eures Vaters; zuerst sann er doch auf schlimme Verbrechen.“
So sprach sie. Alle waren entsetzt, und keiner von ihnen
redete. Mutig erhob sich Kronos verschlagenen Sinnes,

gab der erhabenen Mutter mit folgender Rede die Antwort:
„Mutter, ich selbst verspreche es hier: Ich will es vollbringen,
dieses Werk. Denn unsren verrufenen Vater kann ich nicht
achten; zuerst sann er (wie du sagst) auf schlimme Verbrechen."
So sprach er; da freute sich sehr die gewaltige Gaia,
barg ihn, setzte ihn in ein Versteck, übergab seiner Hand die
sägezahnige Sichel und lehrte ihn all ihre Schlichen.
Ouranos nahte gewaltig, verbreitete Nacht, und um Gaia
voller Verlangen, voll Liebe schlang er sich, dehnte sich um sie
ganz. Da streckte der Sohn aus seinem Verstecke die linke
Hand, in die rechte nahm er sodann die gewaltige Sichel,
groß und sägegezähnt, und das Glied des liebenden Vaters
mähte schleunigst er ab und warf es wieder im Fluge
weit hinter sich; doch nicht ganz fruchtlos entflog es den Händen.
All die Tropfen, so viel dort blutig niedergeronnen,
nahm Gaia in sich auf; im Laufe der kreisenden Jahre
trug sie Erynien aus und die starken und großen Giganten,
leuchtend im Glanz ihrer Waffen, die ragende Lanze in Händen,
Nymphen, die man die Melischen nennt auf unendlicher Erde.
Aber sobald er das Glied vom Himmel getrennt mit dem Eisen
und es vom Lande geworfen hinab in die tosende Salzflut,
trieb eine lange Zeit es dahin durch die See; rings erhob sich
weißer Schaum aus unsterblichem Fleisch; es wuchs eine Jungfrau
in ihm empor, sie nahte der heiligen Insel Kythera
erst, doch gelangte sie dann zum ringsumflossenen Zypern,
stieg dort schamhaft-schön als Göttin an Land, und die Wiese
grünte unter den zierlichen Füßen ihr auf. „Aphrodite",
schaumentsprossene [aphrogenea] Göttin bekränzt mit den Blüten Kytheras,
nennen sie Götter und Menschen, weil sie aus „Aphros", dem Schaume,
wuchs; und auch „Kythereia", weil sie dann Kythera sich nahte,
„Zypernentsprossene" auch, weil entsprossen der Brandung von Zypern;
und „Glied-Liebende", weil aus dem Gliede sie kam zur Erscheinung.

Eros geleitete sie, und der schöne Himeros folgte,
als sie frischgeboren zur Schar der Götter emporstieg.
Dies nun hat sie von Anfang als Ehre und Anteil empfangen
bei den Menschen und ebenso bei den unsterblichen Göttern:
mädchenhafte Vertraulichkeit, Lachen und Spiele der Täuschung,
Reiz der Verführung und süße Verliebtheit und Lust der Umarmung.
Aber die andern schalt der Vater mit Namen Titanen,
Söhne, die Ouranos einst, der gewaltige, selber erzeugte;
sagte er doch, sie hätten gestrebt nach Frevel und böse
Taten verübt, drum würden sie später der Rache verfallen.«

Vergleichen wir wir nun diesen Mythos mit unseren Überlieferungen. Ouranos entspricht in vielen Zügen dem Gott Wodan, nordisch Óðinn genannt. Aber die Geschichte von der Abtrennung des Gliedes des Ouranos gibt es bei uns nicht. Doch ist Freyja die Tochter Njǫrðs, der der Gott des Meeres ist und dem römischen Neptun, griechischen Poseidon entspricht. Und bei den Griechen entsteigt Aphrodite ja auch dem Meere, so daß wir eine ähnliche, wenn auch nicht gleiche Vorstellung finden: Das Meer als

Abb 5: Freya von Tissø, 9./10.Jh.

Ursprungsort, als Vater der Liebesgöttin. Doch entsteigt Aphrodite dem Meere als junge Frau und hat somit keine Kindheit, wie Freyr und Freyja.

Der Vater des Gottes Njǫrðr ist unbekannt. Da Njǫrðr aber dem Neptun / Poseidon entspricht, kann uns das eventuell helfen. Poseidon ist Sohn des Kronos / Saturn und der Rheia, Kronos aber ist Sohn Gaias und Ouranos. Wenn Ouranos aber dem Wodan entspricht, dann ist Wodan auch unter den Vorfahren des Njǫrðr zu suchen, zumal Er Allvater heißt, also Vater aller Götter ist.

Njǫrðr ist also als Meeresgott Freyjas und Freyrs Vater, und wir wissen auch, wer Ihre Mutter ist. Sie wird nur indirekt in der Ynglinga Saga (Kap. 4) erwähnt:

»Die Tochter des Njǫrðr hieß Freyja. Sie war Hof-Gyðja [Tempelpriesterin]. Sie lehrte zuerst den Ásen den Seiðr [Zauber], wie er bei den Vanen üblich war. Solange Njǫrðr bei den Vanen war, hatte er seine Schwester zur Frau gehabt, denn dort war dies so rechtens, und ihre Kinder hießen Freyr und Freyja. Aber unter den Ásen war es verboten, in so nahe Verwandtschaft zu heiraten.«

Mit der Schwester den Sohn und die Tochter erzeugt zu haben, wirft Loki dem Njǫrðr auch vor (Lokasenna 36):

»Laß endlich, Njǫrðr, den Übermut,
Ich hab es länger nicht hehl:
Mit der eignen Schwester den Sohn erzeugtest du,
Der sich nach Erwartung bewährt.«

Wir können nun versuchen, aus einer Sitte der Vanen den Namen von Freyjas Mutter abzuleiten. Bei den Vanen bekommen nämlich Geschwister fast gleiche Vornamen, so eben Freyr und Freyja oder die Diener Freyrs, Byggvir und Beyla. Deswegen wird Njǫrðs Gemahlin einen ähnlichen Namen haben wie Njǫrðr selbst.

In den Nefnaþulur der Jüngeren Edda findet sich der Name einer sonst unbekannten Göttin Njǫrun, was die weibliche Form von Njǫrðr ist und nach meiner Deutung mit der bei Tacitus erwähnten

Göttin Nerthus zusammengeht. Der Name Njǫrun kommt bei den Skálden (Dichtern) in Strophen vor, aber nur als Synonym für „Göttin" ohne einen weiteren mythologischen Bezug. Außerdem wird der Name ohne das anlautende N auch im erst in jungen Handschriften überlieferten Liede Hrafnagalðr Óðins als „Jǫrun" erwähnt; auch dort nur als Begriff für andere Göttinnen. Forscher (Jan de Vries, 6, 37) bringen die Namen Njǫrðr und Njǫrun zusammen; sie wähnen, hier sei (durch Unkenntnis der Germanen oder durch grammatikalische Wortunklarheiten des -u Stammes) eine Göttin vermännlicht bzw. ein Gott verweiblicht worden. Das halte ich für Unsinn, auch weil es jegliche genauere Kenntnis von der eigenen Religion unseren Vorfahren abspricht.

Njǫrun bedeutet wohl etwas wie „Erde" (vgl. die riesische Erde, Jǫrð); auch eine Ableitung von germ. nertu („guter Wille") ist möglich, was die Göttin dann als „wohltätig, hold" kennzeichnet. Ein celtisches nerth („Kraft, Macht") hat man auch in die Diskussion geworfen; jedenfalls ist auch der Name Njǫrðr genauso zu übersetzen.

Bei den Celten gibt es einen Mythos im „Aislinge Óengusso" (8./9. Jh.) von Freyr, der dort „Óengus" (= Ingwaz, Freyr) heißt. Er freit um die „Cáer Ibormeit"; Cáer ist die nordische Gerðr, beide Namen sind gleichbedeutend („Garten, Gatter, Burg"). Der Mythos ist also in den Personen identisch, somit müßte die Mutter des Óengus auch der Mutter des Freyr, Nerthus / Njǫrun entsprechen. Und tatsächlich heißt die Mutter „Bóand" was von *bo vinda („weiße Kuh") abgeleitet wird. Auch bei den Celten steht also Óengus (Freyrs) Mutter mit Kühen in Verbindung wie Nerthus.

Tacitus schreibt in der Germania Kap. 40 über den Kult von Freyrs und Freyjas Mutter:

»Dann folgen die Reudigner, Avionen, Anglier, Variner, Eudosen, Suardonen und Nuitonen; ihnen allen gewähren Flüsse und Wälder Sicherheit. Im einzelnen haben sie nichts Bemerkenswertes, insgesamt aber verehren sie Nerthus, das heißt die Mutter Erde [id est Terram matrem], und glauben, die Göttin nehme teil am Treiben der Menschen, sie fahre bei den Stämmen umher. Es gibt auf einer Insel des Weltmeeres einen heiligen Hain, und dort steht ein geweihter Wagen, mit Tüchern bedeckt; einzig der Priester darf ihn berühren. Er bemerkt das Eintreffen der Göttin im Allerheiligsten; er geleitet sie in tiefer Ehrfurcht, wenn sie auf ihrem mit Kühen bespannten Wagen dahinfährt. Dann folgen frohe Tage; festlich geschmückt sind alle Orte, denen die Göttin die Huld ihrer Ankunft und Rast gewährt. Man zieht nicht in den Krieg, man greift nicht zu den Waffen; verschlossen ist alles Eisen. Dann kennt, dann liebt man nur Ruhe und Frieden, bis die Göttin, des Umgangs mit Menschen müde, vom gleichen Priester ihrem Heiligtum zurückgegeben wird. Dann werden Wagen und Tücher und, wenn man es glauben will, die Gottheit selbst [numen ipsum] in einem entlegenen See gewaschen. Sklaven sind hierbei behilflich, und alsbald verschlingt sie derselbe See. So herrscht denn ein geheimes Grausen und heiliges Dunkel, was das für ein Wesen sei, das nur Todgeweihte schauen dürfen.«

Abb. 6: Der Umzug der Göttin Nerthus nach Tacitus' Beschreibung.

Wir erkennen aus dieser Textstelle, daß Frieden das höchste Ideal der Germanen war und man sich durchaus bewußt war, daß Kampf und Krieg schlecht sind. Die Insel im Weltmeer muß eine Ostseeinsel sein, da Tacitus die sieben Stämme zu den östlich der Elbe siedelnden Sueben zählt. Forscher denken an Alsen oder Fünen, aber man hat auch Rügen favorisiert, wo es einen „schwarzen See" oder „Borg-See" gibt, der seit dem Anfang des vergangenen Jahrhunderts „Herthasee" genannt wird. Dort liegt auch ein wendischer (wandalischer) Burgwall, der aber zur Zeit des Tacitus noch nicht bestand. Aber auch ohne diesen Burgwall kann der See kutlische Bedeutung gehabt haben.

Von der Schilderung des Nerthuskultes her hat man auch darauf geschlossen, daß Tacitus hier den Kult des Hieros gamos, einer heiligen Hochzeit eines Darstellers mit der Göttin angedeutet hat; darauf sollen die erwähnten Tücher und das Reinigungsbad im See hindeuten. Die Umfahrt einer Priesterin mit einem Götterbild auf einem von Kühen gezogenen Wagen (Abb. 6), gefolgt von einem Beilager und einem Reinigungsbad, sind auch andernorts überliefert, so von den Heräen in Argos, den Tonäen auf Samos, den Daidala auf den Kithairon und bei den Antistherien in Athen. In Rom fuhr am 27. März die Terra Mater mit Rindern um; noch im 12. Jh. fährt in den Niederlanden der Maiwagen um. Und auch die kirchliche Verbotsschrift „Indiculus" von 743 verbietet unter Punkt 28:

>>*Von dem Götzenbilde, welches sie über die Felder tragen.*<<

Freyja wurde also als Tochter des Njǫrðr und der Njǫrun in Vanaheim geboren, Ihr Bruder Yngvi-Freyr desgleichen. Als dann der Krieg der Ásengötter gegen die Vanen kam, einigten sich beide Götterfamilien darauf, Frieden zu schließen und stellten sich gegenseitig Geiseln. Njǫrðr kam mit Freyr und Freyja zu den Ásen. Dort bewohnt Er die Stätte Nóatún („Schiffs-Stätte", das Meer).

Von Njǫrun erfahren wir nichts mehr in den Mythen der Eddas, nur daß Ihr Name unter denen der Ásinnen aufgezählt wird; also muß diese Vanengöttin auch mit zu den Ásen gekommen sein. Es wäre auch höchst unglaubwürdig, daß Njǫrðr Seine bisherige Ehefrau, die Mutter Seiner Kinder, zurückgelassen haben sollte. So etwas wäre für einen Gott nicht angemessen. Natürlich wird Njǫrun mitgekommen sein; Sie war nun nur nicht mehr offiziell die Ehefrau Njǫrðs.

Bei den Germanen konnte ein Mann eine Ehefrau haben oder mehrere gleichberechtigte Ehefrauen. Er konnte aber auch eine Hauptfrau und Nebenfrauen haben, die ebenfalls als Ehefrauen galten. Oder er konnte neben einer Ehefrau andere Frauen als Kebsweiber (Geliebte) haben, die keine Ehefrauen waren. Ich vermute, daß also Njǫrðr und Njǫrun wie bisher zusammenblieben, da Sie sich ja als Geschwister und als frühere Eheleute sicher weiterhin liebten und lieben. Aber Njǫrun war eben nun nicht mehr die rechtliche Ehefrau.

Als viel später Skaði zu den Ásen kam und eine Buße für die Tötung Ihres riesischen Vaters verlangte, durfte Sie sich einen Gemahl aus den Reihen der Ásen wählen, aber nur die Füße sehen. Sie wollte Baldur erwählen, es war aber Njǫrðr. So wurde Skaði die Ziehmutter von Freyr und Freyja, doch konnten sich Njǫrðr und Skaði nicht auf einen gemeinsamen Wohnort (Meer oder Gebirge) einigen, deswegen trennten sie sich. Skaði, die auch der celtischen Skathach entspricht, schloß sich später Óðinn an.

Doch wir wollen uns weiter mit Freyja beschäftigen. Sie wuchs also in Vanaheim, in der Welt der Vanen auf. Dort lernte Sie auch den Seiðr, wie er bei den Vanen üblich war. Das ist eine bestimmte Art des Zaubers. Deswegen gilt Freyja auch als Göttin des Zaubers und der Heilkunst, die früher ja noch stark mit Zauber verbunden war.

Ich hatte schon auf Seite 33 die Ynglinga Saga 4 zitiert, wo es heißt, daß Freyja den Ásen den Seiðr lehrte, wie er bei den Vanen üblich war. Manche Interpreten verstehen diese Stelle nicht richtig und glauben, daß die Ásen zuvor gar keine Zauberkünste ausüben konnten. Das ist falsch, vielmehr will die Sage von dem Machtzuwachs der Ásengötter erzählen, die nun zu ihrer eigenen, ásischen Zauberei auch noch zusätzlich die Zauberkunst der Vanen bekamen; die Götter wurden nun noch viel mächtiger als zuvor.

Als die Vanengötter Njǫrðr, Njǫrun, Freyr und Freyja zu den Ásen als Geiseln kamen, bezogen Sie Nóatún; Freyr bekamen schon in Seiner Jugend einen Himmelspalast (oder eine Welt) Álfheimr „als Zahngebinde", also zu der Zeit, wo Er den ersten Zahn bekam. Freyja bekam später bei den Ásen den Palast Fólkvangr mit dem Saal Sessrumnir; vermutlich nicht zum ersten Zahn, sondern mit der Eheschließung, da Töchter behütet bei den Eltern blieben und nicht schutzlos irgendwo allein wohnten.

Aus einer Quelle erfahren wir auch noch von Geschwistern Freys und Freyjas, nämlich in dem schon christlichen Weltuntergangslied Sólarljóð 79:

> *»Das sind die Runen, die da ritzten*
> *Njǫrðs Töchter neun,*
> *Ráðveig die älteste, und Kreppvör die jüngste*
> *Mit ihrer Schwestern sieben.«*

In den Handschriften wechseln die Namensschreibweisen: Badueing, Baudveing, Baudveirg, Raþveig, Bargvǫr, Scaþveig sowie Kripvor, Krippvor, Kryppvar.

Natürlich sind diese neun Töchter des Meeresgottes die neun Wellen, die auch im Zusammenhang mit dem Meerriesen Aegir als

Wellenjungfrauen erscheinen, die aber dort andere Namen tragen, da ja Aegir mit Njǫrðr nicht identisch ist. Die unterschiedlichen Schreibweisen machen Übersetzungsversuche eher willkürlich. Kreppvör wäre eine „einklemmende Frau" (kreppa, „klemmen, zusammendrücken"), Ráðveig „Rat-Trank" (veigr, „Trank, Becher") oder Bargvǫr „Wellenfrau" (zu bára, „Welle").

Vielleicht können wir das Entsteigen der Göttin aus dem Meere (Geburt der Aphrodite, siehe auch das Umschlagbild) mit der Ankunft der Vanen zu den Asen vergleichen. Ein Unterschied aber besteht aber darin, daß die Freyja-Figürchen (Abb. 4 und 5) zwar Freyja zeigen, wie Sie sich gerade die Haare auswringt; Sie ist also eben dem Meere entstiegen, aber Sie ist auch voll bekleidet und trägt den Schmuck, den Sie nach der Geburt noch gar nicht haben konnte. Das Haarauswringen ist hier also zu einem Erkennungs-Attribut ohne tiefere Bedeutung geworden.

Nachdem nun die Liebesgöttin bei den Vanen geboren und aufgewachsen ist, blieb Sie im Elternhause bis zu Ihrer Hochzeit. Doch das hinderte Sie nicht daran, weite Reisen zu unternehmen, um neue Erfahrungen und Initiationen zu erhalten.
Wir wollen Ihren weiteren Weg, Ihre Reisen und Ihre Hochzeit im nächsten Kapitel behandeln.

Kapitel 4

Fahrten und Abenteuer

In den Mythen werden die Reisen Freyjas leider nur angedeutet. Auf diesen Reisen hat Sie ihre Zauberkenntnisse vervollkommnet, hat Erfahrungen gemacht und Initiationen durchlaufen.

Eine Quelle ist es, die meist aus Unkenntnis vergessen wird, denn in dieser Quelle wird Freyja nur mit Ihrem Beinamen „Syritha" erwähnt, Ihr späterer Ehemann Óðr heißt hier Otharus, mit lateinischer Namensendung. Sie ist hier auch vermenschlicht und zur Tochter des Königs Sywaldus geworden. Vielleicht ist Ihr deswegen erspart geblieben, als unzüchtig und verkommen geschildert zu werden, wie es der Chronist Saxo Grammaticus mit den anderen Gottheiten tat. Ihm war vielleicht selbst nicht bewußt, daß er hier einen heidnischen Göttermythos erzählte. Oder er war heimlich, obwohl Christ, noch ein Verehrer der Liebesgöttin. In dieser Geschichte wohnt Freyja übrigens noch in ihrem Elternhause. In seinem 7. Buch der Gesta Danorum (Seite 225) schreibt Saxo:

»Dessen [Sywaldus] Tochter Syritha war so keusch und schamhaft, daß sie nicht bestimmt werden konnte, einen ihrer Freier, deren sich wegen ihrer großen Schönheit eine große Zahl meldete, auch nur anzusehen. Im Vertrauen auf diese Selbstbeherrschung verlangte sie von ihrem Vater den zum Gemahle, der durch süße Vorstellungen einen Blick von ihrer Seite ihr abschmeicheln könne. In der Vorzeit pflegte bei uns die Schüchternheit der Mädchen sehr die freien

*Blicke im Zaume zu halten, damit nicht die Keuschheit des Sinnes durch Un-
gebundenheit der Augen verdorben würde, und es wurde danach gestrebt, daß
die Reinheit des Herzens in der Bescheidenheit des Blickes zum Ausdruck
käme. Da erglühte ein gewisser Othar, der Sohn eines Ebbo, in dem heißen
Liebesverlangen, um die Jungfrau zu werben: Mut dazu gab ihm das Vertrau-
en auf seine großen Taten und auch auf seine feine Bildung und seine Redege-
wandtheit. Er suchte mit allen Käften seiner Kunst ihren starren Blick zu er-
weichen, aber er vermochte durch kein Geschick ihre niedergeschlagenen Augen
zu einem Aufblicke zu bewegen; da schied er voller Verwunderung ob der un-
besieglichen Strenge. Ein Riese, der dasselbe versuchte, mußte auch sehen, daß
er nichts erzielte; der stellte aber eine Frau an; die spielte eine geraume Zeit die
Magd bei der Jungfrau, schlich sich in ihr Vertrauen ein und führte sie einmal
unter schlau erdachtem Vorwande für die Entfernung weit weg von dem Hause
des Vaters; da überfiel sie der Riese und schleppte sie in eine enge Verzäunung
im Waldgebirge. Andere stellen die Sache so dar, daß er selbst sich in eine
Frau verwandelt, das Mädchen listig weggelockt, weit von dem Vaterhause
weggeführt und so den Raub vollbracht habe.*

*Als Othar das erfuhr, durchforschte er die Schluchten des Gebirges, um die
Jungfrau auszuspüren, fand sie, erschlug den Riesen und führte sie mit sich
weg. So eigentümlich aber hatte aufdringlich der Riese das Haar des Mädchens
mit fester Verpflechtung zusammengebunden, daß die verworrene Masse des
Haares mit einer Art geschürzten Gekräusels festgehalten wurde, und man
nicht leicht, außer durch das Eisen, die enge Verschlingung des Gelocks entwir-
ren konnte.*

*Wiederum versuchte er durch mancherlei Lockmittel den Blick des Mädchens
auf sich zu lenken, aber er versuchte seine Kunst vergebens an den unbewegli-
chen Augen und gab endlich, da sein Vorhaben nicht nach Wunsch vonstatten
ging, sein Bemühen auf. Schänden aber wollte er die Jungfrau nicht: er konnte
sich nicht dazu entschließen, den Sproß eines erlauchten Geschlechts durch Bei-
schlaf, der das Licht der Öffentlichkeit scheute, zu beflecken.«*

In dieser Schilderung wird die Göttin besonders schamhaft und keusch geschildert. Leider sehen einige Menschen die Liebesgöttin immer auch und vordringlich als unmoralisch und freizügig an. Dann finden wir hier die Entführung durch einen Riesen, was an die Geschichte von Aphrodite erinnert, die von Giganten bedrängt wurde und der Hercules half. Auch der Riese Hrungnir begehrte Freyja, als er in Ásgarðr prahlte; Freyja als Frühlingsgöttin wird häufig von Riesen begehrt, die damit ihre Wintergewalt auf den Frühling ausdehnen wollen. Eigenartig ist die Erwähnung des verworrenen Haares, deren tiefere Bedeutung unklar ist. Die Verwilderung aber war ein Kennzeichen bei der Initiation.

In der Erzählung geht es nun weiter mit Freyjas Fahrten; diese Fahrten unternahm Sie freiwillig, und ich deute sie als Initiations- und Ausbildungsfahrten. Noch in unserer Zeit unternehmen Handwerker ähnliche Fahrten, wenn sie sich „auf die Walz" begeben um in der Fremde Arbeit und Wissen zu finden:

»Als sie mannigfache gewundene Pfade in der Einöde lange irrend durchlief, begab es sich, daß sie zu der Hütte einer schrecklichen Waldfrau geriet. Von dieser wurde sie dazu verwandt, die Herde ihrer Ziegen zu hüten, und als sie wiederum durch Othars Hilfe die Freiheit erlangt hatte, wurde sie von ihm mit folgender Anrede versucht:

„Willst Du meinen Worten Gehör nun schenken
Und mit gleicher Lieb' erwidern,
Lieber als hier stehn zu der Hut der Herde
Stinkender Ziegen?

Stoß zurück die Hand Deiner bösen Herrin,
Fliehe schnellen Laufs von der wilden Hexe,
Komm zurück mit mir zu den lieben Schiffen,
Lebe als Freie!

Wirf die Hut von Dir des befohlnen Zweizahns,
Lenke nicht den Schritt und den Weg der Ziegen,
Schenke als mein Weib meinem heißen Sehnen
Süße Erfüllung!

Die so lang und heiß durch das Land ich suchte,
Heb doch hoch zu mir die gesenkten Sterne,
Richte kurz nur auf Deine keuschen Augen,
Leicht ist der Aufschlag.

Zu des Vaters Haus will ich Dich geleiten,
Froh zurück Dich bringen der lieben Mutter,
Wenn nur einmal Du meiner Bitte folgend
Öffnest die Augen.

Die so oft ich riß aus der Haft der Riesen,
Schenke doch huldvoll meiner Mühen Lohn mir,
Laß in Mitleid nun mit dem heißen Streben
Schmelzen die Strenge. "

„Weshalb hast Du denn tollwütig so töricht zu handeln begonnen, daß Du lieber fremdes Vieh hüten und in der Dienerschaft von ungeschlachten Wesen aufgeführt werden willst, als durch Zustimmung zu dem Bunde mit einem Gleichstehenden den Abschluß unserer Ehe zu fördern?"
Sie aber hielt trotz alledem ihre Augen mit unveränderter Starre der Augenlider geschlossen, damit nicht ihr standhafter, keuscher Sinn beim Anblicke der
Außenwelt wankend werde. Wie keusch und züchtig müssen die Frauen jener
Zeit gewesen sein, die nicht einmal zu einem flüchtigen Augenaufschlage durch
die stärksten Anreize des Liebenden bewogen werden konnten! Da also Othar
auch durch die Verdienste einer zweiten Wohltat den Blick der Jungfrau nicht
hatte wecken und auf sich lenken können, so ging er, von Beschämung und
Kummer gequält, zu seiner Flotte zurück.«

Daß Freyja hier Ziegen hütet, ist kein Zufall, sondern die Erinnerung an einen uralten Mythos der Göttin Ashera, die der Freyja in vielen Einzelheiten entspricht. Ashera ist auf einer uralten Darstellung zwischen zwei Ziegen zu sehen (Abb. 22, S. 139), und Freyja wird von der Riesin mit dem Vers verspottet (Hyndluljóð 44ff):

>>*Springe du, Edel-Freundin aus in die Nacht*
Wie zwischen Böcken die Heiðrún rennt.<<

Heiðrún ist die Götterziege und steht hier allgemein für „Ziege". Auch der Aphrodite ist die Ziege geweiht.

Wir haben Bildzeugnisse von Freyja, die bis in die ausgehende völkerwanderungszeit und Vendelzeit reichen. Aus dem 5. Jh. stammt der rätselhafte Goldbrakteat IK 266 Hamfelde-A (Kreis Herzogtum Lauenburg), Abb. 7. Im oberen Teil ist ein verzerrt-stilisiertes Menschenantlitz mit aufgetürmter Frisur zu sehen, in der Mitte an den Seiten sind perlenumsäumte Ovale eines Schulterumhangs zu sehen, was auch andere Freyja-Bilder aufweisen, unten ein Prunkbrustgeschmeide mit einem Mittelmedaillon (Brísingamen).

Abb. 7: Goldbrakteat mit Freyja, Hamfelde-A, Kreis Lauenburg, 5. Jh.

Es folgen nun weitere Fahrten, denn Freyja ist auch eine Beschützerin der Reisenden, und dann folgt schließlich die Hochzeit:

»Als Syrith wie früher weithin die Felsen durchstreifte, kam sie auf ihrer Irrfahrt zu den Sitzen des Ebbo; hier gab sie sich aus Scham über ihre Nacktheit und Bedürftigkeit für eine Tochter von Bettlern aus. Da aber die Mutter des Othar es ihr ansah, daß sie, trotzdem sie blaß und abgehungert erschien und mit einem ärmlichen Mantel bekleidet war, von edlen Eltern abstammte, führte sie die Fremde auf den Ehrenplatz und behielt sie in hochachtungsvoller Freundlichkeit bei sich. Denn den Adel der Jungfrau verriet als Kündiger die schöne Gestalt und aus den Gesichtszügen als Dolmetsch ergab sich ihre hohe Abkunft. Als Othar sie sah, fragte er, weshalb sie ihr Antlitz mit dem Kleide verhülle.«

Leider ist hier eine Lücke im Text, es fehlt eine Bemerkung darüber, daß sie nicht antwortet und es fehlt, daß Othar sie ohne es zu sagen, erkennt. Nach der Lücke geht es weiter:

»Um ihre Gesinnung sicher zu erforschen, tat er so, als solle eine Frau ihn heiraten; er bestieg mit ihr das Lager und ließ Syrith den Leuchter halten. Als die Lichter beinahe heruntergebrannt waren, und sie durch die näher rückende Flamme belästigt wurde, so gab sie ein solches Beispiel von Geduld, daß sie die Hand unbeweglich hielt und keine Qual durch die Hitze zu empfinden schien. Denn die äußere Glut wurde gedämpft durch die innere, und die Hitze des verlangenden Innern mäßigte den Brand der versengten Haut. Erst als sie von Othar gemahnt wurde, acht auf ihre Hand zu geben, wendete sie ihre ruhigen Blicke mit schamhaftem Augenaufschlagen auf ihn; sofort wurde das Gaukelspiel der erdichteten Hochzeit beiseite gestoßen, und sie bestieg das Ehebett zur Vermählung. Als später Siwald den Othar gefangen nahm und ihn wegen Schändung seiner Tochter aufhängen lassen wollte, da erzählte Syrith sofort die Wechselfälle ihres Raubes und gewann ihm nicht nur die Huld des Königs, sondern bewog auch den Vater, sich mit Otharus Schwester zu verheiraten.«

Damit ist diese Schilderung beendet, es folgt nur noch eine Schlachtschilderung mit Othar; da Er der Gemahl der Liebesgöttin ist, lasse ich dieses Ende auch noch folgen:

»Nunmehr erfolgte zwischen Siwald und Regnald eine Schlacht auf Seeland; auf beiden Seiten waren Kämpfer von auserlesener Tapferkeit ausgewählt worden. Drei Tage wurde unter gegenseitigem argen Verluste gekämpft, und da wegen der großen Tapferkeit beider Seiten die Entscheidung des Sieges ungewiß blieb, stürzt sich Othar, von Überdruß an dem langen Kampfe oder von Streben nach Ruhm gepackt, mit Todesverachtung in den dichtesten Haufen der Feinde, hieb Regnald inmitten seiner tapfersten Mannen nieder und verschaffte dadurch unerwartet den Dänen den Sieg.«

Die Geschichte geschah auf Seeland, und Freyja ist als Gefjon auch Schützerin Seelands.

Freyja und Óðr bekamen dann die Töchter Hnoss und Gørsemi. In einem isländischen Märchen „Märþöll" geben die drei Nornen (Schicksalsfrauen) bei der Geburt eines Kindes diesem den Namen Märþöll, „nach unserer Mutter". Somit ist nach diesem Märchen Mardǫll (= Märþöll), also Freyja, auch die Mutter dieser drei Nornen. Es kann aber sein, daß die Nornen nur eine Ziehmutter oder spirituelle Mutter, vergleichbar einer „Mutter Oberin" in einem Kloster, gemeint haben. Leider ist mehr dazu nicht erhalten.
Und dann wird Freyja in einer Quelle als Óðins Geliebte bezeichnet. Möglicherweise wurden hier die ähnlichen Namen Óðinn und Óðr verwechselt, wenn nicht Óðr eine Verkörperung des sommerlichen Óðins ist, der Sie im Winter verläßt. Es paßt nicht dazu, daß Freyja um den fern weilenden Óðr goldene Tränen weint, ihn aber gleichzeitig mit Óðinn betrügt.
Denkbar ist allerdings, daß Sie vor Ihrer Verbindung mit Óðr ein Verhältnis zu Óðinn hatte.

Immerhin wird Freyja als „Óðrs Maid" schon in dem ältesten Ed-dalied, Vǫluspá 25, erwähnt:

>>*Da gingen die Regin zu den Richterstühlen,*
Hochheilige Götter hielten Rat,
Wer mit Unheil hätte die Luft erfüllt,
Und dem Jotenvolk Óðrs Maid gegeben.<<

Diese Strophe kann sich auf viele Mythen beziehen, auf Freyjas Fahrten wie oben beschrieben oder z. B. auf die Sage vom Riesen-baumeister, der zum Lohn für seinen Burgbau Sól (Sonne), Máni (Mond) und Freyja begehrt. Die Riesen begehren Freyja, weil sie ja den Frühling verhindern wollen. Wenn Freyja in Riesengewalt ist, dann ist die Erde im Frühling (Freyja) noch unter dem Schnee des Winters (Riesen).

Kapitel 5

Gefjon

In Dänemark finden wir die Göttin unter dem Namen Gefjon oder Gefjun, während der Name „Freyja" dort weniger zu finden ist. Unter dem Namen Gefjun erscheint Freyja als Schutzgöttin der Insel Seeland in einer alten Sage, die sich am Anfange der Gylfaginning der Jüngeren Edda (nicht in allen Handschriften) findet:

»König Gylfi beherrschte das Land, das nun Svíþjóð [Schweden] heißt. Von ihm wird gesagt, daß er einer fahrenden Frau zum Lohn der Ergötzung durch ihren Gesang ein Pflugland in seinem Reich gab, so groß als vier Ochsen pflügen könnten Tag und Nacht. Aber diese Frau war vom Asengeschlecht; ihr Name war Gefjun. Sie nahm vier Ochsen von Norden aus Jötunheim, irgendeines Jöten Söhne mit ihr und spannte sie vor den Pflug. Da ging der Pflug so mächtig und tief, daß sich das Land löste, und die Ochsen es westwärts ins Meer zogen, bis sie in einem Sund still stehen blieben. Da setzte Gefjun das Land dahin, gab ihm Namen und nannte es Selund [Seeland]. Und da, wo das Land weggenommen worden war, entstand ein See, den man in Svíþjóð nun Lögur heißt. Und im Lögur liegen die Buchten so wie die Vorgebirge in Selund. So sagt Bragi der alte Skalde:

Gefjun zog von Gylfi froh Tief-Rödul schnell
Daß es von Renn-Rindern dampfte, der Zuwachs Dänemarks.
Es trugen die Ochsen acht Stirn-Gestirne, wo sie gingen
Vor der weiten Freudeninsel Landriß, vier Häupter.«

Abb. 8: Gefjon pflügt die Insel Seeland ab.

Dieselbe Sage finden wir auch im Kapitel 5 der Ynglinga Saga mit nur geringen Abweichungen:

»Dann sandte er [Óðinn] die Gefjon über den Sund aus, um neues Land zu suchen. Da kam sie zu Gylfi, und er gab ihr ein Pflugland. Sie ging nun nach Jötunheim und empfing dort vier Söhne von einem Riesen. Die verwandelte sie in Ochsen, spannte sie vor den Pflug und ließ sie das Land nach Westen in die

See Óðinsey gegenüber ziehen. Dies Land nannte man Selund, und dort lebte sie fortan. Skjöldr, der Sohn Óðins, nahm sie zum Weibe, und sie wirtschafteten dann in Hleiðru. Dahinter aber blieb ein Wasser oder ein See, genannt Lögrinn. Die Fjorde desselben aber entsprechen den Vorgebirgen Selunds. So dichtete darüber Bragi der Alte:

> *Gefjun zog von Gylfi froh Tief-Rödul schnell*
> *Daß es von Renn-Rindern dampfte, der Zuwachs Dänemarks.*
> *Es trugen die Ochsen acht Stirn-Gestirne, wo sie gingen*
> *Vor der weiten Freudeninsel Landriß, vier Häupter.«*

Selund ist Seeland, abgeleitet von *selha-wundia „Seehund-ähnlich" oder „Bucht-ähnlich"; letzteres bestätigt den Mythos. Óðinsey ist Odense (Odins Vi, „Óðins Heiligtum"); Lögrinn, Lögur ist der Mälarsee, Hleiðru ist Lejre/ Lethra . Die Skáldenstrophe von Bragi entstammt seiner Ragnarsdrápa wie auch dieselbe Strophe in der Gylfaginning. Bragi inn gamli Boddason lebte im 9. Jh. und dichtete schon um das Jahr 830.

Ich vermute, daß ursprünglich nicht der Mälarsee sondern der der Insel viel mehr entsprechende Vänersee gemeint ist. Auch wird durch das Pflügen die Entstehung des Øresundes erklärt. Aber in der Jüngeren Edda steht diese Sage nicht in allen Handschriften, so daß sie vielleicht erst später angefügt wurde.

Unter dem Namen Gefjon / Gefjun („die Gebende", möglicherweise auch zu angelsächsisch geofon „das Meer"), wurde die Göttin Freyja in Dänemark verehrt, wie einige, aber unsichere Ortsnamen zeigen, die sich auf Gefjon bzw. Gefn beziehen könnten. In Seeland gibt es einen Ort Gevnø der aus *Gefjonhaugar entstanden sein könnte (in der Nähe ein Thorøwe, Þórsheiligtum), ferner ein Gefnevad in der Roskildegegend. Ob auch Gefnetofte (heute Gentofte), Gefninge und Gieffnskouff in Frage kommen, ist unsicher.

In der zitierten Fassung der Gefjon-Sage in der Ynglinga Saga wird nicht erwähnt, daß Gefjon vom Ásengeschlecht ist, doch ist diese Folgerung logisch, da Óðinn Sie ja aussendet; Gefjon muß also mit Óðinn in Verbindung stehen.

Die in der Bragi-Strophe verwendeten Kenningar sind Röðull („Strahl"); das ist ein Name der Sonne. Tief-Röðull (Djúpröðull, „Tief-Strahl") bedeutet die tiefe Sonne, die im Meere stehende Sonne und damit die „Glut der Fluten", also das Gold. In den Nefnaþulur erscheint König Gylfi als Seekönig, worauf auch sein Name hindeutet, der ja „Meer, Woge" (altnord. gjálfr) bedeutet.

Die Skáldenstrophe besagt, daß Gefjon froh vom goldreichen Gylfi das Land mit vier Ochsen, die 8 Stirnmonde (Hörner) hatten, abriß. Diese Ochsen stehen also – wie Gefjon – mit dem Monde in Verbindung. In Lejre befand sich einst ein bedeutendes Heiligtum, so daß es nicht wundert, daß die Göttin Gefjon Sich dort ansiedelt. Skjöld („Schild") ist Sohn Óðins und erster mythischer Dänenkönig; er wird bei Saxo Grammaticus (I, 11f) ausführlich erwähnt und entspricht auch dem Scyld des Beowulfepos.
Die Verbindung des Königs Skjöld mit der Göttin Gefjon, der Göttin des Landes, die zusammen am Orte des Hauptheiligtums residieren, ist eine mythische Verbindung von menschlichem König mit einer Göttin, wie es noch heute in Japan ist, wo der Kaiser sich mythisch mit der Sonnengöttin verbindet. Eine normale Ehe können wir hier nicht voraussetzen.

Der Name der Göttin Gefjon kommt in der Älteren Edda nicht vor, mit einer Ausnahme: Einer Strophe in der Lokasenna. Die Lokasenna aber gilt aus verschiedenen formalen Gründen als jüngeres Eddalied. Hier kommt Gefjon sogar neben Freyja vor. Daß die entsprechende Strophe nachträglich eingefügt wurde, erweisen zwei

Gründe: In der Einleitung werden die Gottheiten genannt, die bei dem Gelage zugegen waren, Gefjon aber wird nicht erwähnt, obwohl unwichtigere Diener (Byggvir und Beyla) erwähnt werden:

»Zu diesem Gastmahl kam Óðinn und Frigg, sein Weib. Þórr kam nicht, denn er war auf Ostfahrt. Sif war zugegen, Þórs Weib, desgleichen Bragi und Iðunn sein Gemahl. Auch Týr war da, der nur eine Hand hatte, denn der Fenriswolf hatte ihm die andre abgebissen, als er gebunden wurde. Da war auch Njǫrðr und Skaði, sein Weib, Freyr und Freyja, und Víðar, Óðins Sohn. Auch Loki war da und Freyrs Diener Byggvir und Beyla. Da waren noch viele Ásen und Álfen.«

Es wäre wohl ein Affront gewesen, eine bedeutende Göttin wie Gefjon nicht zu erwähnen, Freyrs Diener aber schon. Also kann die Gefjon-Strophe ursprünglich nicht enthalten gewesen sein.

Das Lied Locasenna ist als Wechselrede-Spiel aufgebaut; nach einer Schmähstrophe Lokis folgt das Eingreifen einer anderen Gottheit, die ihr auch eine Schmähung von Loki einbringt; dann greift die nächste Gottheit ein, usw. Das ist ja gerade das Besondere in diesem Liede, daß jedes Eingreifen für die angegriffene Gottheit dazu führt, selbst angegriffen zu werden. Aber nach Iðunns Eingreifen in Strophe 18 fehlt Lokis Schmähung, stattdessen folgt gleich die Strophe von Gefjon (19) und erst dann Lokis Antwort (20). Es stehen also zwei Göttinnenstrophen ununterbrochen nebeneinander. Die eingeschobene Gefjon-Episode (19-21) lautet:

> *»Gefjon sagte:*
> *„Ihr Ásen beide, was ist's, daß ihr euch*
> *Mit scharfen Worten streitet?*
> *Loptr [Loki] weiß doch, daß er scherzt,*
> *Und ihn die Lebenskräftigen lieben. "*

Loki sagte:
„Schweig' du, Gefjon! Sonst vergeß ich's nicht
Wie dich zur Lust verlockte
Jener Bursche, der dir Schmuck gab,
Als du den Schenkel um ihn schlangst".

Óðinn sagte:
„Irr' bist du, Loki, und aberwitzig,
Wenn du Gefjon gram dir machst:
Aller Gebornen Ørlǫg mein' ich, weiß sie
Ebenwohl als ich".«

Eigenartig ist auch, daß hier der Gefjon eine Eigenschaft zugeschrieben wird, die wir ansonsten nur von der Göttin Frigg kennen,
nämlich das Ørlǫg (Schicksal, Karma) aller Geborenen zu wissen.
Deswegen vermute ich, daß diese Gefjon-Strophe sich einst an
Frigg richtete, die ja als Götterkönigin zuerst (nach Bragi und
Iðunn, die sozusagen das Eingangsspalier bilden) erwähnt werden
müßte. Auch Freyja erwähnt im selben Lied (Strophen 29 bis 32),
daß Frigg aller Geborenen Schicksal kennt:

»Freyja sagte:
„Irr' bist du, Loki, daß du selber anführst
Die schnöden Schandstäbe.
Wohl weiß Frigg mein ich, alles Ørlǫg,
Ob schon sie es nicht sagt. "

Loki sagte:
„Schweig' du, Freyja, dich vollends kenn' ich;
Keines Makels mangelst du;
Der Ásen und Álfen, die hier inne sind,
Bist du jedes Buhlerin. "

Freyja sagte:
„Deine Zunge frevelt; doch fürcht' ich, daß sie dir
Wenig Gutes gellt.
Abhold sind dir die Ásen und die Ásinnen,
Unfröhlich fährst du nach Haus'."

Loki sagte:
„Schweig' du, Freyja, du bist eine Hexe
Bist allen Unheils voll.
Dich trafen im Bett deines Bruders die Reginn:
Da entfuhr dir ein Furz, Freyja!"«

Die Strophen sind im Codex Regius etwas verderbt. Natürlich sind Lokis Schmähreden erfunden und haben nur einen geringen Wahrheitsanteil. Die sehr ähnlichen Namen Freyr und Freyja deuten an, daß beide in Vanaheim für eine Geschwisterehe vorgesehen waren, wie das bei den Vanen Brauch war. Doch durch die Vergeiselung zu den Ásen konnte dieses Vorhaben nicht umgesetzt werden, da dort Geschwisterehen verboten waren. Auf diese geplante Geschwisterehe spielt Loki an, aber verschweigt, daß diese Geschwisterehe ja nie wirklich eingegangen wurde. Und Freyja als schönste Göttin und Liebesgöttin wird natürlich von allen begehrt, ohne daß sie deren Wünsche erfüllen müßte. Und solange Sie nicht vermählt war, konnte Sie auch Männer wählen, wie Sie wollte.

Auch die Schmuck-Geschichte, die von Frigg überliefert ist, gehört ursprünglich zu Freyja. Gefjon kommt also neben der Strophe aus Bragis Ragnarsdrápa nur noch in Gylfaginning 35 und in Skáldskaparmál 41 und Bragarœður 1 vor; Ihr Name erscheint auch in einer Aufzählung in den Nefnaþulur der Jüngeren Edda. Mehr Erwähnungen gibt es nicht, Allerdings finden wir sie dann auch in sehr jungen Sagas aus christlicher Zeit.

In zwei Aufzählungen der Jüngeren Edda findet sich der Name Gefjon neben dem der Freyja in einer Aufzählung der anwesenden Gottheiten, so in Bragarœður 1:

»Da kamen die Ásen zu ihrem Gelage und zwölf der Ásen, die da zu Richtern bestellt waren, setzten sich auf ihre Hochsitze. Dies sind ihre Namen: Þórr, Njǫrðr, Freyr, Týr, Heimdallr, Bragi, Víðar, Váli, Ullr, Hænir, Forseti, Loki. Desgleichen die Ásinnen: Frigg, Freyja, Gefjun, Iðunn, Gerðr, Sigyn, Fulla, Nanna.«

Hier ist Aegir zu den Göttern eingeladen und wir erfahren, welche Götter anwesend sind. Aber er revanchiert sich auch und lädt die Götter zu sich ein. Darüber heißt es in Skáldskaparmál Kap. 41:

»An dieser Reise nahmen teil Óðinn und Njǫrðr, Freyr, Týr, Bragi, Víðar, Loki, dazu die Ásinnen Frigg, Freyja, Gefjun, Skaði, Iðunn, Sif. Þórr war nicht dabei, er war ins Ostland gezogen um Trolle zu erschlagen.«

In beiden Aufzählungen folgt der Name Gefjun gleich dem der Freyja; offenbar war einem Überlieferer die Ähnlichkeit oder Identität von Freyja und Gefjon bewußt. In den Nefnaþulur aber stehen die Namen unabhängig auseinander.

In der Gyðinga Saga wurde für den Namen der Göttin Artemis der Name Gefjon verwendet.
In der isländischen Trójumanna Saga finden wir das bekannte „Urteil des Paris" auf germanische Göttinnen bezogen, wobei die Zuordnung wechselt. Offenbar hat der Sagaschreiber Gefjon mit Frigg identifiziert:

»Als er [Alexander der Große, der ‚Paris' genannt wurde] heranwuchs, verehrte er Freyja sehr, und später, nachdem er von seiner Abstammung erfahren

hatte und als er mit Thecis Hochzeit feierte, lud er alle Götter dazu ein. Freyja
nahm einen goldenen Apfel, auf dem geschrieben stand, daß ihn die schönste be-
sitzen sollte, und der zwischen Freyja, Sif und Gefjon geworfen worden war.
Sie wendeten sich an Jupiter, damit er entscheide, wer von ihnen die schönste
sei. Er aber wollte kein Urteil fällen, denn er fürchtete den Zorn derer, die er
nicht als die schönste beurteilte (...)
Eines Tages, als er in den Idawald ging, wo er immer das Vieh gehütet hatte,
kam es ihm im Schlaf so vor, als führe Saturn drei Frauen – Sif, Freyja und
Frigg – vor ihn und fordere ihn auf zu sagen, welche von ihnen am schönsten
sei. Ihm schien, als neige sich Freyja über ihn und fordere ihn auf zu sagen,
daß sie am schönsten sei; sie sagte, sie werde es ihm damit lohnen, indem sie da-
für sorge, daß er die schönste Frau in Griechenland bekomme. Dann trat Sif
vor und forderte ihn auf, sie als am schönsten zu beurteilen; sie sagte, sie werde
ihm ein großes Weltreich und eine angesehene Stellung verschaffen. Als er kein
Urteil fällt, tritt Frigg vor ihn und bietet ihm große Weisheit und Sieg im
Kampf – sie war die Kriegsgöttin –, falls er sie als am schönsten bezeichnete; er
aber spricht kein Urteil. Nun kommt Freyja zu ihm und spricht: „Erinnere
dich, was du mir versprochen hast". Sie entblößte ihren Körper, worauf er sie
als die schönste beurteilte. Deshalb war Sif von da an mit den Trojanern ver-
feindet.«

In dieser Quelle sind also nur die drei griechischen Göttinnen Aphrodite, Athene und Hera durch germanische Namen bezeichnet
worden; für Aphrodite steht Freyja, für Athene Frigg und Gefjon,
für Hera (als Frau Jupiters bzw. Þórs) die Göttin Sif. Der Mythos
ist griechisch und für die germanischen Vorstellungen eigentlich
undenkbar, denn Göttinnen wetteifern nicht eifersüchtig um
Schönheit.

In den altnordischen Breta Sögur, die eine Übersetzung von
Geoffrey of Monmouths „Historia regum Britanniae" sind, wird
ein regelrechter Kult des Brutus in einem Tempel auf der Insel Lio-

gocia beschrieben, bei der Gefjon wohl auch eine griechische Göttin ersetzt:

»*Sie stießen auch auf einen alten und großen Tempel, in dem sich Statuen von Gefjon, Saturn und Jupiter befanden. Sie berichteten Brutus davon und forderten ihn auf, an Land zu gehen, worauf er mit zwölf Männern loszog. Ihn begleitete auch ein Weissager namens Geron, der nach Brutus der zweitvornehmste Mann war. Sie hatten Kopfbinden um die Stirn geschlungen, und als sie in den Tempel kamen, entfachten sie drei Feuer: Eines für Odin, ein zweites für Thor, das dritte für Gefjon. Dann trat Brutus vor den Altar der Gefjon, hatte ein Gefäß mit Wein und dem Blut einer weißen Hirschkuh darin in der Hand und sprach:*
„Du, die Du das Geschehen im Himmel wie auch die Beschaffenheit der ganzen Welt kennst und auch über die Unterwelt Bescheid weißt, verkünde mir mein Schicksal: Wo soll ich mich nach Eurem Beschluß niederlassen und wo soll ich Dich, Du göttliche Jungfrau, für alle Ewigkeit verehren lassen?" So sprach er neunmal, schritt viermal um den Altar herum und goß aus dem Gefäß etwas ins Feuer. Dann wurde die Haut einer Hirschkuh vor dem Altar ausgebreitet, Brutus legte sich darauf und schlief ein. Da glaubte er, Gefjon vor sich zu sehen, die sprach: „Im westlichen Teil der Welt, nahe Gallien, liegt draußen im Meer eine unbewohnte Insel, die einst Riesen bewohnten. Dort sollst du mit deiner Mannschaft für alle Ewigkeit leben, und dein Geschlecht wird Macht über die ganze Welt gewinnen". Als er erwachte, erzählte er seinen Leuten von seinem Traum.«

In den Skáldenstrophen finden wir mehrfach Umschreibungen für „Frau", zu denen die Namen „Gefjon" oder „Gefn" verwendet wurden, so etwa „Bier-Gefjon" (Sksk. Str. 71), „Bier-Gefn" (Sksk. 102) oder „Gefn der Klippen" (Sksk. 93).

Die Zuständigkeit für jungfräulich Gestorbene, die von Gefjon überliefert ist, behandele ich später.

Kapitel 6

Homers Aphrodite-Lied

Der griechische Dichter Homer lebte im 8. Jh. vor unserer Zeit und ist der Verfasser der Ilias und der Odyssee. Außerdem sind 33 Gedichte, Homerische Hymnen, vom ihm erhalten, unter denen sich auch die folgende Geschichte von Aphrodite, überschrieben „An Aphrodite" findet, die ich hier vollständig abdrucke:

»Nenne mir, Muse, die Taten von Aphrodite, der goldnen
Kypris, die die Götter mit süßem Sehnen beseligt
und auch die Geschlechter der sterblichen Menschen bewältigt,
ja, auch alles Getier, die luftdurchfliegenden Vögel,
alles, was da rings dem Land und dem Meere entsprossen:
Kythereia gehorchen sie alle, der prächtigbekränzten.

Drei nur kann sie niemals bewältigen oder betören:
Pallas, des donnernden Vaters hellaugenleuchtende Tochter.
Liebt sie doch nicht die Taten der goldenen Aphrodite,
nein, ihr sind nur Kämpfe vertraut und Taten des Ares,
Schlachten und Männergewühl und köstliche Künste zu treiben.
Lehrte sie doch zuerst auf Erden die bildenden Menschen
erzgeschmückte Wagen zum Streit und zum Fahren zu bauen.
Und auch in den Häusern die zarten, blühenden Jungfraun
lehrte sie und begabte ihr Herz zu köstlichen Künsten.
Artemis auch, die Göttin der Jagd mit den goldenen Pfeilen,

kann sie zur Liebe nicht zwingen, die lächelnde Aphrodite.
Liebt doch jene den Bogen und Jagden auf Tiere im Bergwald,
Leier und Reigentänze und lautes, hallendes Jauchzen,
schattige Haine dazu und rechtliche Männer in Städten.
Histia aber auch, die züchtige Jungfrau, verachtet
Aphrodites Taten. Der listige Kronos erzeugte
sie zuerst und zuletzt nach Zeus', des donnernden, Ratschluß.
Und die heilige Göttin umwarben Poseidon und Phoibos,
aber sie wollte nicht, und, hart und trotzig sich weigernd,
schwor sie den mächtigen Eid, der sich auch wirklich erfüllte,
während sie das Haupt des donnernden Vaters berührte:
Jungfrau wolle sie bleiben, die heilige Göttin, auf immer.
Zeus aber gab ihr an Stelle der Ehe herrliche Ehre:
mitten im Hause zu thronen und sich von Opfern zu nähren.
So ist sie hochgefeiert in allen Tempeln der Götter,
gilt auch als würdigste Göttin bei allen sterblichen Menschen.

Diese drei kann sie nicht bewältigen oder betören,
aber kein anderer kann sich Aphrodite entziehen,
weder der Seligen einer noch auch der sterblichen Menschen.
Ja, sie berückte sogar den donnererfreuten Kronion,
der doch der größte ist, der größten Ehre teilhaftig.
Wenn sie es will, verblendet sie seine bedächtigen Sinne
und führt ihn gar leicht mit sterblichen Weibern zusammen,
daß er Here sogar vergißt, die Schwester und Gattin.
die an Gestalt die Schönste im Kreis der unsterblichen Götter,
sie, die Erhabenste, die der verschlagene Kronos erzeugte
mit ihrer Mutter Rheia. Und Zeus, des Ewigen kundig,
machte sie zur keuschen und treugesinnten Gemahlin.

Zeus aber weckte in Kypris selber süßes Verlangen,
sich einem sterblichen Mann zu ergeben, damit sie aufs schnellste

nicht getrennt mehr bliebe vom sterblichen Lager der Menschen;
daß sie sich nicht rühme im Kreise der ewigen Götter,
Aphrodite, die liebliche Göttin mit fröhlichem Lachen:
Himmlische habe sie ja mit sterblichen Weibern vereinigt,
die dann sterbliche Söhne den ewigen Göttern geboren,
Göttinnen habe sie gar gesellt zu sterblichen Männern.
Nach Anchises weckte er ihr ein süßes Verlangen,
der auf den ragenden Höhen der Gipfel des quelligen Ida
weidete seine Rinder, so schön wie einer der Götter.
Wie die lächelnde Göttin nun diesen erblickte, da liebte
sie ihn gleich, ihre Sinne befiel eine brennende Sehnsucht.
Und sie eilte nach Kypros und schritt in den duftigen Tempel,
wo ihr Bezirk und Altar voll Duft im Haine von Paphos.
Eingekehrt, verschloß sie dort die schimmernden Türen,
und es badeten sie die Chariten und salbten die Göttin
mit ambrosischem Öl, dem Schmelz der ewigen Götter,
das ambrosisch und süß ihr immer duftend bereitlag.

Herrlich sodann den Leib gehüllt in köstliche Kleider,
goldgeschmückt verließ die lächelnde Aphrodite
das schönduftende Kypros und schwang sich nach Troias Gefiden.
Hoch mit den Wolken durchschritt sie schnell die himmlischen Pfade,
und so kam sie zum Ida, der quelligen Mutter des Wildes.
Schnell gelangte sie da zu dem Hof in den Bergen; ihr folgten
wedelnd graue Wölfe und Löwen mit funkelnden Augen,
Bären und schnelle Pardel, die unersättlich nach Rehen
gierig; und dieser Anblick erfreute die Sinne der Göttin,
und sie erweckte in ihnen so süße Begierde, daß alle
paarweis sich zueinander in schattige Lager gesellten.
Selber gelangte die Göttin indes zu den trefflichen Hütten,
und, allein von den andern gelassen, fand in den Hürden
sie den hehren Anchises in gottgespendeter Schönheit.

Abb. 9: Münchner Kopie der cnidischen Aphrodite des Praxiteles.

Jene waren hinaus auf die grasigen Wiesen den Rindern
alle gefolgt, doch er, allein bei den Ställen geblieben,
wandelte hin und her und spielte tönend die Leier.
Und da trat vor ihn hin die Tochter des Zeus, Aphrodite,
als eine reine Jungfrau gestaltet an Größe und Ansehn,
daß er am Ende nicht gar beim Anblick der Göttin erschräke.
Als Anchises sie sah, da faßte ihn wunderndes Staunen
über ihr Ansehn und auch ihre Größe und lichten Gewänder.
Trug sie doch ein Kleid, das hell wie Feuer erstrahlte,
reich umwunden mit Schmuck und leuchtenden Ohrgehängen.
Ihren zarten Nacken umschlang ein köstlich Geschmeide,
goldig und schön und schimmernd in Buntheit, und über den zarten
Brüsten glänzte es gleich dem Mond, ein Wunder zu schauen.

Liebe erfüllte das Herz des Anchises, und also begann er:
„Heil, o Herrin! Wer von den Seligen naht meinem Hause?
Artemis, Leto oder die goldene Aphrodite
oder die edle Themis, die augenleuchtende Pallas,
oder kam von den Chariten wohl eine, die sich zu allen
Göttern gesellen und die wir auch Unsterbliche nennen?
Bist du eine der Nymphen, die hausen in lieblichen Hainen,
oder von denen, die hier das schöne Gebirge bewohnen
oder den Lauf der Flüsse und bachdurchflutete Auen?
Einen Altar will ich auf rundumschauender Warte
dir erbauen und will dir heilige Opfer verrichten
jederzeit im Jahr; du aber gib mir in Gnade,
daß ich als trefflicher Mann mich unter den Troern beweise
und ein blühend Geschlecht hinterlasse, aber mir selber
gib, daß ich lange und glücklich das Licht der Sonne erblicke
und gesegnet im Volk des Alters Schwelle erreiche."

Ihm erwiderte drauf die Tochter des Zeus, Aphrodite:
„O Anchises, Erlauchter der erdgeborenen Menschen,
nein, ich bin kein Gott. Was läßt du mich Himmlischen gleichen?
Sterblich bin ich, mich hat eine irdische Mutter geboren.
Otreus ist mein Vater, und seinen rühmlichen Namen
hörtest du wohl: das ganze befestigte Phrygien beherrscht er.
Aber eure Sprache und unsere kenn ich aufs beste,
nährte mich doch daheim eine troische Amme, und gänzlich
übernahm sie gleich von der Mutter die Pflege der Kleinen.
Daher verstehe ich nun auch eure Sprache aufs beste.
Nun aber raubte mich Hermes, der Gott mit dem goldenen Stabe,
aus der Artemis Kreis, die mit goldenen Pfeilen dahinjagt.
Viele bräutliche Mädchen und heißumworbene Jungfraun
spielten dort, umkränzt von einer gewaltigen Menge;
dorther raubte mich Hermes, der Gott mit dem goldenen Stabe.

Weit entführte er mich durch sterblicher Menschen Gewerke,
brache Gefilde, entblößt von Äckern und Städten, wo wilde
Tiere die schattigen Täler nach blutigem Fraße durchjagen,
und mein Fuß schien nicht die nährende Erde zu streifen.
Zu des Anchises Lager, so sagte er, sei ich gerufen,
als dein jugendlich Weib, dir strahlende Kinder zu schenken.
Aber nachdem er solches gesagt und gewiesen, da schritt er
wieder zum Stamm der Unsterblichen fort, der mächtige Hermes.
Also kam ich zu dir, von starkem Zwange getrieben.
Aber ich flehe dich an bei Vater Zeus und den edlen Eltern,
denn einer wie du stammt nicht von niederen Leuten:
Führe als reine Jungfrau und unerfahren der Liebe
deinem Vater mich zu und deiner verständigen Mutter
und zu deinen Geschwistern, die mit dir einerlei Stammes,
und nicht unwert bin ich als Schwiegertochter, nein, würdig.
Schicke schnell einen Boten ins rossenährende Phrygien,
daß er es meinem Vater, der sorgenden Mutter vermelde.
Diese werden dir Gold genug und gewirkte Gewänder
senden; du aber empfange die große, glänzende Mitgift.
Hast du solches vollbracht, so rüste selige Hochzeit,
die mit Ehren gefeiert bei Menschen und ewigen Göttern. "

Sprach's, die Göttin, und regte in ihm ein süßes Verlangen;
Liebe ergriff Anchises, er sprach und sagte die Worte:
„Bist du denn sterblich und bist von irdischer Mutter geboren,
und ist, wie du erzählst, dein Vater der rühmliche Otreus,
bist du durch die Macht eines Gottes, den leitenden Hermes,
hergelangt, so wirst du auf immer Gattin mir heißen.
Dann wird keiner der Götter und keiner der sterblichen Menschen
hier mir wehren, mich gleich auf der Stelle in liebender Wonne
dir zu gesellen, und wollte sogar der Schütze Apollon
von dem silbernen Bogen die schmerzlichen Pfeile entsenden,

wollte ich doch, o Weib, du götterähnliches, gerne
sinken in Hades' Haus, sobald ich dein Lager bestiegen."

Rief's und griff ihre Hand. Die lächelnde Aphrodite
wandelte abgewandt mit niedergeschlagenen Augen
zu dem gebreiteten Lager des Fürsten, wo es schon vorher
ihm aus weichen Decken bereitet, aber darüber
lagen die Felle von Bären und lautaufbrüllenden Löwen,
die er selber früher erschlagen auf ragenden Bergen.
Aber nachdem sie sodann das treffliche Lager bestiegen,
nahm er ihr zuerst vom Leib das helle Geschmeide,
Spangen, gewundene Bänder und Ohrgehänge und Ketten,
löste ihr dann den Gürtel und tat ihr die glänzenden Kleider
ab und legte sie nieder auf silbergenageltem Sessel
Dann aber schmiegte Anchises, — so wollten es Götter und Schicksal —
er, ein Mensch, sich hin zur Göttin und wußte nichts Sichres.

Während zum Hofe zurück von den blumigen Wiesen die Hirten
wieder die Rinder lenkten und all die kräftigen Schafe,
goß die Göttin süßen, erquickenden Schlaf auf Anchises
nieder und hüllte den Leib aufs neu in die schönen Gewänder.
Als die erhabene Göttin den Leib nun völlig bekleidet,
stand sie in der Hütte, und bis zur gezimmerten Decke
ragte ihr Haupt, es strahlte unsterbliche Schönheit von ihren
Wangen, wie sie zu eigen der schönbekränzten Kythere,
und sie weckte ihn auf aus dem Schlaf und sagte die Worte:
"Dardanide, erwache! was schläfst du unweckbaren Schlummer?
Sprich! erscheine ich dir auch jetzt noch immer die gleiche,
wie du zuerst mich sahst, als mich dein Auge gewahrte?"
Rief's; er aber vernahm's und fuhr empor aus dem Schlummer.
Wie er nun aber den Nacken, die herrlichen Augen erblickte,
zitterte er und wandte voll Scheu die Augen zur Seite,

und sein schönes Antlitz verbarg er unter dem Mantel.
Flehentlich bittend rief er die beflügelten Worte:
„Gleich zuerst, o Göttin, als dich mein Auge gewahrte,
wußt ich, du wärest ein Gott, du aber sprachst nicht die Wahrheit.
Aber nun flehe ich dich bei dem donnernden Vater Kronion:
Laß nicht schwach sein mein Dasein unter den Menschen
führen, erbarme dich mein! Wird doch ein blühendes Leben
keinem zuteil, der je bei unsterblichen Göttinnen ruhte. "
Ihm erwiderte drauf die Tochter des Zeus, Aphrodite:
„O Anchises, Erlauchter der erdgeborenen Menschen,
tröste dich, sei guten Mutes und fürchte dich gar nicht,
hast du doch keinen Anlaß, von mir ein Übel zu fürchten,
auch von den andern Seligen nicht, da du ihnen lieb bist.
Dir wird ein Sohn beschert, wird herrschen über die Troer.
Kinder werden und Enkel von ihm stets weiter entstammen,
und sein Name wird sein Aineias, weil es ein schweres
Leid mir war, das Lager des sterblichen Mannes zu teilen.
Ähnlich den Göttern am meisten von allen sterblichen Menschen
war ja immer euer Geschlecht an Wuchs und Gestaltung.
So hat der waltende Zeus entführt Ganymedes, den blonden,
seiner Schönheit zulieb, um bei den Göttern zu weilen,
und den Seligen reicht er den Wein im Hause Kronions,
wie ein Wunder zu schaun, geehrt von den Himmlischen allen,
und aus goldenem Krug schöpft er den rötlichen Nektar.
Tros, seinen Vater, erfaßte da Kummer, weil er nicht wußte,
wohin göttlicher Sturm den lieblichen Sohn ihm entrissen,
und er bejammerte ihn voll Schmerz beständig und täglich.
Das erbarmte Kronion, und als Ersatz für den Knaben
gab er ihm flüchtige Rosse, wie sie die Unsterblichen brauchen.
Solche schenkte ihm Zeus, und Hermes, der leitende Bote,
mußte auf Kronions Befehl ihm alles erklären,
daß sein Sohn wie die Götter unsterblich und alterlos lebe.

Aber als so der Vater von Zeus die Botschaft vernommen, jammerte er
nicht mehr, sein Herz beseligte Freude,
und er fuhr fröhlich dahin mit den windbeflügelten Rossen.
Auch den Tithonos raubte die goldenthronende Eos,
der aus euerm Geschlecht und den Unsterblichen ähnlich.
Und sie eilte zu bitten den schwarzumwölkten Kronion,
ihm unsterbliches Leben für alle Zeiten zu schenken.
Nickend gewährte es Zeus und gab ihren Wünschen Erfüllung.
O die Törin! es hatte die hohe Eos vergessen,
Jugend für ihn zu erflehn, die Runzeln des Alters zu glätten.
Ja, solange ihm noch die liebliche Jugend verliehen,
wohnte er froh bei der frühgeborenen, goldenen Göttin
neben Okeanos' Strom an den äußersten Enden der Erde;
aber sobald ihm einmal das Haar zu bleichen begonnen
an dem edlen Kinn und auf dem herrlichen Haupte,
da entzog seinem Lager sich ferner die göttliche Eos,
hielt ihn aber in ihrem Palast und pflegte ihn weiter
mit ambrosischer Kost und gab ihm schöne Gewänder.
Als ihn dann aber völlig das traurige Alter bedrückte
und er die Glieder nicht mehr zu regen und heben vermochte,
da erwog sie, was ihr im Herzen am besten erschiene,
setzte ihn in ein Gemach und schloß die glänzenden Türen.
Da entweicht ihm nun die mächtige Stimme, die Kräfte
schwinden, die früher einst die gelenkigen Glieder besessen.
Nein, so möchte ich dich nicht bei den Ewigen wünschen,
mit unsterblichem Leben dort alle Tage zu weilen.
Aber wenn du immer wie jetzt in gleicher Gestaltung
weiter leben würdest und würdest mein Gatte geheißen,
würde mir nie ein Gram die geborgene Seele umwölken.
Nun aber wird dich bald das schlimme Alter erfassen,
das erbarmungslos zu allen Menschen herantritt,
unheilvoll und lastend, und das die Götter verabscheun.

Mir aber wird nun stets sich bei den ewigen Göttern
starkes Schmähen erheben um deinetwegen ohn Ende.
Haben sie früher doch die schmeichelnden Listen, mit denen
ich unsterbliche Götter zu sterblichen Weibern gesellte,
lang gefürchtet, denn alle sind meinen Listen verfallen.
Nun aber darf ich nicht mehr die Stimme erheben und solches
bei den Göttern erwähnen, so groß ist mein eigener Fehltritt.
Schrecklich hab ich gefehlt, unaussprechlich, verlor die Besinnung;
unter dem Gürtel trag ich ein Kind aus sterblichem Lager.
Dieses, sobald es einmal das Licht der Sonne gesehen,
werden in ihren Bergen vollbusige Nymphen erziehen,
die allhier das große, geweihte Gebirge bevölkern
und die nicht zu den Menschen und nicht zu den Göttern gehören.
Lange leben sie hier, genießen himmlischer Speise,
und sie schwingen sich oft in schönen Reigen mit Göttern.
Den Silenen jedoch und dem trefflichen Späher Hermeias
schenken sie ihre Gunst im Grunde lieblicher Grotten.
Mit den Nymphen zugleich auf menschennährender Erde
sind die Fichten entstanden, die hohen Wipfel der Eichen.
Herrlich in ihrem Grün auf ragenden Gipfeln der Berge
stehen sie stolz und hoch, und die Bezirke der Götter
nennt man sie, und so darf kein Eisen der Menschen sie fällen.
Aber naht auch ihnen einmal das Schicksal des Todes,
dann im Boden verdorren zuerst die herrlichen Bäume,
ihre Rinde vertrocknet, die Zweige fallen hernieder,
und es scheiden zugleich vom Licht die Seelen der Nymphen.
Diese werden den Sohn in ihrem Kreise erziehen.
Ist er aber sodann zu blühender Jugend erwachsen,
werden die Göttinnen dir den Knaben bringen und zeigen.
Ich jedoch, daß mein Herz dies alles noch einmal durchdenke,
werde im fünften Jahr dir mit dem Sohne erscheinen.
Sah dann zum erstenmal dein Auge den blühenden Sprößling,

wird dich Freude erfüllen, so herrlich gleicht er den Göttern.
Führen wirst du ihn gleich zu Ilios' luftigen Höhen.
Will dann aber einer der sterblichen Menschen erforschen,
welche Mutter den Sohn in ihrem Schoße getragen,
denke dann meines Gebots und rede, wie ich dich heiße:
einer der rosenwangigen Nymphen, so sagen die Leute,
sei er entsprossen, die hier die waldigen Höhen bewohnen.
Aber verkündest du frei und rühmst dich törichten Herzens,
daß du geruht in den Armen der schönen, bekränzten Kythere,
dann wird Zeus im Zorn mit flammendem Blitze dich treffen.
Alles hab ich dir nun gesagt; bewahr es im Herzen!
Hüte dich, nenne mich nicht und scheue den Ingrimm der Götter!"

Also sprach sie und schwang sich auf zum luftigen Himmel.

Heil dir, Göttin, die du beherrschst das heilige Kypros,
du meines Liedes Beginn; nun schreit ich zu anderm Gesange.«

Dieses Lied von Homer besingt zwar ein Liebesabenteuer der Göttin Aphrodite, aber es wird auch klar, daß Sie einem Zwang folgte, den Zeus Ihr auferlegt hatte. Weil Sie so oft Menschen mit Göttern in Liebe vereinigt hatte, sollte Sie das nun am eigenen Leibe erleben. Sie sagt selbst, daß es Ihr ein schweres Leid war, das Bett mit einem Sterblichen zu teilen. Trotz derartiger Zwänge wurde Aphrodite von den Dichtern als leichtlebig hingestellt, was Ihrem Wesen nicht wirklich entspricht.

Kapitel 7

Freyja als Valkyre

Schon seit den ältesten Zeiten wurde von unsern Vorfahren, aber auch den anderen Völkern der indogermanischen Völkerfamilie eine Göttin wie Freyja verehrt, die nicht nur Liebesgöttin ist, sondern auch etwas mit dem Kampf und Tod zu tun hat. Eine der ältesten Erwähnungen aus dem Jahre 28 u. Zt. finden wir in den Annalen des Tacitus (IV, 73). Die Römer bekämpfen die Friesen und es heißt:

»Bald darauf erfuhr man durch Überläufer, daß 900 Römer in einem Haine, den sie den Hain der Baduhenna nennen, nach bis zum andern Tage fortgesetztem Kampfe niedergemacht worden seien, und daß eine andere Schar von 400, da nach Besetzung eines Landhauses des Cruptorix, eines ehemaligen Söldners, Verrat zu befürchten war, sich gegenseitig selbst den Tod gegeben hatten.«

Dies ist die einzigste Erwähnung der Göttin Baduhenna; Ihr Name wird zu *badwa ("Kampf") gestellt, der andere Bestandteil -henae ist typische Endung für Matronennamen. Natürlich ist Baduhenna mit Freyja identisch, ja, möglicherweise haben wir hier Ihren ursprünglichen Namen oder doch einen alten Namen der Göttin. Es gibt keine andere Göttin im germanischen Pantheon, wie wir es aus den Eddas kennen, die wir als Kriegsgöttin ansehen könnten.
Die weiteren westgermanischen Namen sind so unsicher zuzuord-

nen, daß alles reine Spekulation bleibt. So wurde Nehalennia (Attribute: Schiff, Früchte, Hund) sowohl mit Freyja identifiziert, als auch mit einer Todesgöttin. Die bei Tacitus erwähnte Isis könnte – da Ihr Zeichen ein Schiff ist – gleichfalls Freyja sein, genauso wie Baudihillia (Hadrianswall, 2. Jh.), deren Name ungeklärt ist; Alagabiae („die Allgebenden") und Garmangabis („die reichlich Gebende" oder „die germanische Gebende") wollte man auch mit Gefjon („die Gebende") verbinden; Hariasa und Harimella hat man mit *harja („Heer") und dem Valkyrennamen Herja verglichen; Vihansa (Inschrift von Tongern) setzt man zu germ. wihan („kämpfen") und deutet sie auch als Kriegsgöttin, zumal der Stifter der Inschrift der Göttin Schild und Speer weihte.

Zurück zu Freyja. Sie wird in einer Strophe in der der Brennu-Njáls Saga (Kap. 78) zweimal „Valfreyja" genannt, und zwar finden wir den Ausdruck „valfreyjo stafr" („der Stab der Val-Göttin") für „Krieger, Kampf":

> *»val-Freyju stafr, deyja – og val-Freyju stafr deyja.«*
> *(„Der Kampf-Stab (= Krieger) stirbt, und der Kampf-Stab stirbt".)*

Mit dieser Formulierung ist Freyjas Zuständigkeit als Anführerin der Valkyren angesprochen. Valkyren („Toten-Erwählerinnen") sind weibliche Geistwesen, die die Seelen der Verstorbenen in die Götterwelt holen. Freyja reitet selbst als Valkyre, um die Seelen der Gefallenen Krieger zu Sich nach Fólkvangr zu holen. Dies wird auch in der Strophe 14 der Grímnismál von Óðinn gesagt:

> *»Fólcvangr ist die neunte [Halle]: da hat Freyja Gewalt*
> *Die Sitze zu ordnen im Saal.*
> *Den halben Val wählt sie jeden Tag,*
> *Óðinn hat die andre Hälfte.«*

Von Mythologen wurde nun viel spekuliert, insbesondere, wie die Toten zwischen Óðinn und Freyja aufgeteilt werden. Eine Deutung wollte die am Tage Gestorbenen bei Óðinn, die in der Nacht bei Freyja sehen. Aber Kämpfe in der Nacht waren selten; das wollte man vermeiden, daher hätte dann Freyja nicht viele Seelen bekommen.

Hier gibt nun eine weitere Stelle der Jüngeren Edda Auskunft, nämlich Gylfaginning 35, wo die Göttinnen aufgezählt werden:

»Die vierte [Ásin] ist Gefjun: sie ist Maid und ihr gehören alle, die als Maiden sterben.«

Gefjon erhält also alle Menschen, die noch „Jungfrau" sind, also nie körperlich geliebt haben. Entweder gelten sie als besonders rein oder aber sie sollen wenigstens im Jenseits bei der Göttin auch die Liebe kennenlernen.

Daß diese Aussage von Gefjon sich auf Freyja bezieht, verdeutlicht uns eine Stelle aus der Egils Saga. Egil ist in Trauer über den Tod seines Sohnes Bödvar und will selbst sterben, indem er nichts mehr ißt und sich in einem Gemach einschließt. Asgerd läßt seine Tochter Thorgerd holen, die Egil mit einer List dazu bringt, seinen Plan aufzugeben (Kap. 78):

»Thorgerd ging gleich in die Halle. Asgerd begrüßte sie und fragte, ob sie etwas zu Abend gegessen hätte. Thorgerd sagte laut: „Ich habe kein Abendessen gehabt und ich werde keines haben, bis ich bei Freyja bin. Ich weiß mir keinen besseren Rat als mein Vater; ich will meinen Vater und meinen Bruder nicht überleben". Sie ging zu dem Alkovenbett und rief: „Vater, schließ die Tür auf, ich will, daß wir beide den gleichen Weg gehen".«

Sie schafft es, ihn zu überreden, doch noch weiterzuleben, um ein

Gedicht auf den Tod der Söhne (Gunnar und Bödvar) zu dichten. Für uns interessant: Thorgerd geht ganz selbstverständlich davon aus, daß sie als noch jungfräuliches Mädchen nach dem Tode zu Freyja kommen wird, nicht zu Gefjon, die doch die jungfräulichen Toten erhält. Das ist der Beweis, daß Freyja und Gefjon ein und dieselbe Gottheit sind. Außerdem zeigt die Stelle, daß Thorgerd nicht im Kampf fallen muß, um zu Freyja kommen zu können.

Die Krieger waren in der Regel nicht besonders alt, und einige davon können unvermählt und jungfräulich gewesen sein. Wenn sie fallen, gelangen sie zu Freyja (wobei man aber die Taten der Gestorbenen mit betrachtet; böse Verstorbene kommen ja bekanntlich in die Unterwelten).

Der Name von Freyjas Himmelsburg Fólkvangr bedeutet „Völkerfeld", Ihr Saal, Sessrumnir bedeutet „der Sitzgeräumige", weil so viele Seelen an diese Orte gelangen.

Freyja Selbst reitet als Valkyre, und als Göttin ist Sie natürlich höheren Ranges als die anderen Valkyren. Es ist möglich, daß Freyja als Valkyre den Namen Hild verwendet, so im Sǫrla Þáttr, wo Sie einen ewigen Krieg zwischen zwei Heeren auslösen muß. Hier kommen wir auch noch zu einem anderen Gedanken, nämlich daß Freyja nicht nur dazu beiträgt, Krieger sterben zu lassen, um ihre Seelen mitzunehmen (wie das Valkyren tun), sondern Sie schützt auch Krieger oder Menschen, denen ein Ende noch nicht bestimmt ist.

Man fand einige Goldbleche oder Anhänger, die eine Frau mit Trinkhorn in der Hand im Profil zeigen oder ein Pärchen. Diese werden üblicherweise als Valkyrendarstellungen gedeutet, doch fand Karl Hauck heraus, daß es sich dabei oft um Freyja handelt.

Die Abbildung 10 zeigt eine goldene Votivfolie so einer Frau, deren Hals- und Brustschmuck auf Freyja hinweist. Derartige Folien aus der ausgehenden Völkerwanderungs- und Vendelzeit standen als Zahlungsmittel im Zusammmenhang mit Heiligtümern.

Auf zwei römerzeitlichen Inschriften (Bad Bertrich, Ernstweiler bei Zweibrücken) fand man den Namen einer Göttin „Vercana". Da V oft mit B wechselt, hat man diesen Namen zu *Berkana („Birke") gestellt, was auch der Name der entsprechenden Rune ᛒ (*bercanan) ist. Da alle Volksbräuche zur Birke darauf

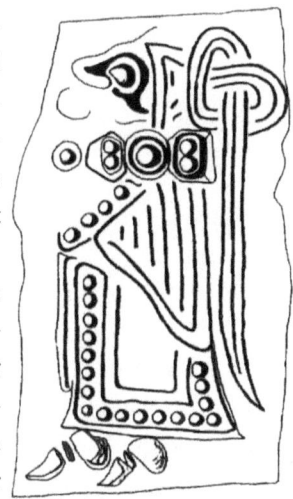

Abb. 10: Goldblechfolie.

hinweisen, daß die Birke ein heiliger Baum der Freyja ist, ist Ihr auch diese Rune und der Name der Inschrift zuzuordnen. Nun gibt es in der Älteren Edda das Runenlied Óðins, dessen einzelnen Strophen Runen zugeordnet werden können. Die Strophe, die zur Rune *bercanan steht, lautet (Hávamál 158):

> *»Das kann ich zum dreizehnten, wenn ich soll jungen Degen*
> *Weihen mit Wasser:*
> *So mag er nicht fallen kommt er auch ins Gefolge*
> *Nicht sterbe der Mann durch Schwerter.«*

Das Weihen eines jungen Burschen zum Krieger mit Wasser geschah im Frühjahrsthing (Várþing), also zu Ostern. Hier wird ihm nun offenbar ein besonderer Beistand durch die *bercanan-Rune vermittelt. Die Rune der Göttin Freyja bewirkt somit also den Schutz durch diese Göttin und die Valkyren, die Ihr unterstellt sind, für den jungen Krieger.

Freyja als Valkyren- und Totengöttin schützt oder fällt also Krieger, wobei die jungfräulichen zu Ihr kommen dürfen. Und es kommen zu Ihr auch Menschen, die nicht im Kampfe, sondern aus andern Gründen sterben, sofern sie unvermählt (jungfräulich) sind.

Die Christen haben an die Stelle der Göttin einige Ersatzheilige gesetzt, eine davon ist die heilige Gertraud, die – wie Freyja – die Seelen der Toten erhält.

Noch etwas zur Frage, ob Freyja nur die Hälfte der Schlachttoten erhält. Tatsächlich hatte der Begriff val („Schlacht, Schlachttote") einen Bedeutungswandel mitgemacht, denn in der ältesten Zeit bedeutete val nur „Tot, Tote". Wenn also Freyja die Hälfte des „val" erhält, dann war damit die Hälfte aller Toten gemeint, nicht nur die gefallenen Toten. Und Valhall war nicht die „Halle der Schlachttoten" sondern die „Halle der Toten". Freyjas Valshamr, welches ich noch behandeln werde (S. 104), ist also Ihr Valkyrenhamr, „Valkyren-hemd". Es besteht aus Federn und wenn Sie es umlegt, hat Sie die Gestalt eines Vogels und ist so den Menschen sichtbar.

Kapitel 8

Gertraud

Die so überaus populäre und beliebte Liebesgöttin haben die Christen durch ihre heilige Gertraud (und weitere Heilige) versucht zu ersetzen. Hauptvorlage der hl. Gertraud ist die Äbtissin von Nivelles, ihr Heiligentag ist am 17. März.

Die 626 geborene Gertraud, Tochter Pippins des Älteren von Landen (Brabant) genoß besonders im Mittelalter große Verehrung, vorzüglich in den Niederlanden und in Niederdeutschland. Gertraud lehnte standhaft jede Verheiratung ab, denn sie sei bereits mit Christus vermählt und wolle nur ihm allein gehören. Sie nahm dann auch den Schleier und stand der Stiftung ihrer Mutter Itta, Nivelles (Nivellen) als erste Äbtissin vor. Hervorragende Kenntnisse der Heiligen Schrift (als Ersatz für Zauberkenntnisse Freyjas) und eine grenzenlose Nächstenliebe zeichneten sie besonders aus. Gertraud soll am 17. März 653 oder 659 gestorben sein.

Entweder als Nonne oder in fürstlicher Kleidung dargestellt, hält sie in der rechten Hand einen Stab, so auf einer Holzfigur des 14. Jh. in Köln, oder ein Buch, an dem Mäuse herumklettern. Auch eine Spindel kann ihr Attribut sein. An ihrem Spinnrocken läuft eine oder mehrere Mäuse hinauf, oder sie trägt mit der linken Hand eine Maus. Zuweilen trägt sie auch ein Schiff in der Hand, so z. B. im Wappen von Wattenscheid.

Abb. 11: Berliner Gertraudendenkmal am Spittelmarkt.

Die christliche Legende erklärt das Attribut der Mäuse mit einer frommen Geschichte. Der Teufel soll danach die Heilige in Gestalt einer Maus beim Spinnen wiederholt, jedoch vergebens zur Ungeduld und zum Zorn gereizt haben. Weil sie nun durch Geduld und Gebet die Teufelsmaus vertrieben habe, sei sie Patronin gegen diese schädlichen Nager geworden. Jedenfalls wurde sie gegen Mäuseplage im Hause und gegen Mäusefraß auf Feldern und in Gärten angerufen. In Berlin (Gertraudenbrücke am Spittelmarkt) steht ein Gertraudendenkmal, mit einer Maus zu ihren Füßen; und noch heute berühren viele Menschen diese Maus, um gegen Mäuseschaden geschützt zu sein; diese Maus ist daher völlig abgegriffen (Abb. 11). Gertrauds Attribut der Maus wurde auch in mythischer Weise als Symbol der Seele gedeutet oder mit Vorschriften, die an ihrem Tage beachtet werden sollen, in Verbindung gebracht.

Als Schützerin der Reisenden gewährt Gertraud auch den Seelen Herberge auf der Reise ins Jenseits und wird zur Allerseelenherrin. Gertraud erscheint als weiße Frau oder sogar als weiße Maus. Nach einer handschriftlichen Überlieferung aus dem 15. Jh. wird die Seele nach ihrem Scheiden vom Leichnam in der ersten Nacht von der hl. Gertraud geherbergt, während sie in der zweiten Nacht beim hl. Michael Aufnahme findet und erst in der dritten Nacht gerichtet wird. Und zwar sollen die Seelen die Gestalt von Mäusen annehmen. Weil man wegen des Jenseits Vertrauen auf die Heilige setzte, wurde sie auch um einen seligen Tod angerufen.

Diese Verbindungen Gertrauds mit dem Tod und Seelenglauben zeigen, daß hier Zuständigkeiten der ursprünglichen Göttin übernommen wurden. Forscher wie Jacob Grimm und Karl Simrock haben diese Göttin als Göttin Freyja (Frowa) identifiziert. Schon der Name der Heiligen, „Ger" = Speer und „thrudhr" = Kraft, (oder: „vertraut"), also die „Speerkräftige" oder „Speervertraute", deutet auf eine eher kriegerische Göttin hin. Er spielt auf den Aspekt Freyjas als Valkyrenanführerin an. „Gertraud" ist eigentlich nur ein Beiname Freyjas, deswegen widme ich ihr auch ein Kapitel. Freyja ist Anführerin der Valkyren, also Geistfrauen, die die Seelen der gefallenen Krieger in Empfang nehmen und nach Valhall, dem Totenreich, geleiten. Nach der schon zitierten Überlieferung der Edda erhält Freyja die Hälfte der gefallenen Krieger, die andere Hälfte erhält Óðinn, genauso wie nach christlicher Vorstellung Gertraud und Michael die Seelen der Verstorbenen erhalten. Die Maus ist ein in der Erde wühlendes Seelentier und Symbol der Seele des Verstorbenen. Da die Liebesgöttin einen Wagen fährt, der von zwei Katern gezogen wird, ist die Katze eines ihrer heiligen Tiere geworden und wie die Katzen Mäuse fangen, so gilt die Liebesgöttin auch als Schützerin gegen Mäuse. In früheren Zeiten konnten Mäuseplagen das Überleben der Menschen im Winter gefährden, wenn die Mäuse die eingelagerten Vorräte auffraßen. Die Häuser aus Holz und Lehm konnte man nicht hundertprozentig gegen Mäusebefall schützen.

Interessant ist, daß Gertraud auch die Schutzheilige der Katzen ist und zuweilen mit ihnen dargestellt wird. Und Gertraud soll auch Schutzheilige der Gärten sein, was an die ursprüngliche Zuständigkeit der Göttin Venus erinnert.

Die heilige Gertraud schützt nicht nur vor Gefahren auf dem Meere, rettet Gefangene oder dem Teufel Verfallene und versöhnt Streitende, sie heilt auch Kranke, nimmt sich der Fremden an und beschirmt die Reisenden, die um eine gute Herberge besorgt sind. Sie ist sogar eine der wichtigsten Schützerinnen für Reisende. Diese Zuständigkeit knüpft an einen Bericht aus ihrem Leben an, wo sie einstmals Untergebenen, die sie ausgesandt hatte, Sicherheit für die gefahrvolle Reise versprochen habe. Als auf dem Meere ein Seeungeheuer erschienen sei, hätten sich jene des Versprechens erinnert und den Namen ihrer Herrin angerufen; da sei das Untier entwichen. Auch wird sie in älteren deutschen Ausfahrtssegen um gute Herberge angerufen, so z. B. in einem Segen, in dem der Sprecher wünscht:

»Sente Gerdrut dir herberge gebe.«

Deshalb stellte man auch gern Armenherbergen und Krankenhäuser oder Hospitäler unter ihren Schutz.

Gertraud ist Patronin der Städte Landau und Nivelles. Der 17. März ist Gertraudentag und zugleich Frühlingsanfang, und deshalb feiern die Gemüsegärtner und -händler sie als Schutzheilige. So gilt denn die Heilige als Frühlingsbotin, als Sommerbraut, als erste Gärtnerin.

Sant Gertrawt

Der 17. März steht einige Tage vor dem 20. März, der Frühlingsgleiche. Unsere Vorfahren feierten am 20. März das Osterfest zu Ehren der Göttin Ostara. Ostara aber ist ein Beiname Freyjas, wie ich noch zeigen werde.

Abb. 12: Gertraud 1493.

In manchen Landschaften endete an diesem Tage auch die Spinnzeit, z. B. in Tirol. Die Spinnerinnen feierten dann einen Umzug. Wenn am Gertraudstage noch gesponnen wurde, werde, so behauptete man, der Flachs von den Mäusen zerfressen oder der Faden abgebissen. Anderseits wurde der Tag vielfach als Beginn der neuen Flachsgewinnung gewählt. Man glaubte, der Flachs gedeihe gut, der am Gertraudstage gesät. würde. Deswegen ist auch der

Spinnrocken Gertrauds Attribut, so in Schedels Weltchronik von 1493 (Abb. 12).

Gertrauds Vögel, der Schwarzspecht und der Kuckuck, sind Frühlingsvorboten und auch Tiere, die mit der Freyja in Zusammenhang stehen. Der Specht steht mit der heiligen Gertraud wegen einer Legende in Verbindung, welche lautet (K. Simrock, 505):

»Als unser Herrgott mit Petrus auf der Erde wandelte, kamen sie zu einer Frau, welche saß und buk; sie hieß Gertrud und trug eine rothe Haube auf dem Kopf. Müde und hungrig von dem langen Weg bat sie unser Herrgott um ein Stück Kuchen. Ja, das solle er haben, sagte sie und knetete es aus; aber da ward es so groß, daß es den ganzen Backtrog ausfüllte. Nein, das war allzugroß, das konnte er nicht bekommen. Sie nahm nun ein kleineres Stück; aber als sie es ausgeknetet hatte, war es ebenfalls für ein Almosen zu groß geworden: das konnte er auch nicht bekommen. Das dritte Mal nahm sie ein ganz kleines Stück; aber auch das Mal ward es wieder zu groß. „Ja, so kann ich euch nichts geben", sagte Gertrud: „Ihr müßt daher ohne Mundschmack wieder fortgehen, denn das Brot wird ja immer zu groß". Da ereiferte sich der Herr Christus und sprach: „Weil du ein so schlechtes Herz hast und mir nicht einmal ein Stückchen Brot gönnst, so sollst du dafür in einen Vogel verwandelt werden und deine Nahrung zwischen Holz und Rinde suchen und nicht öfter zu trinken sollst du haben als wenn es regnet". Und kaum hatte er die Worte gesprochen, so war sie zum Gertrudsvogel verwandelt und flog oben zum Schornstein hinaus und noch den heutigen Tag sieht man sie herumfliegen mit einer rothen Mütze auf dem Kopf und schwarz über den ganzen Leib; denn der Ruß im Schornstein hatte sie geschwärzt. Sie hackt und pickt beständig in den Bäumen nach Essen und zirpt immer, wenn es regnen soll, denn sie ist beständig durstig.«

Ebenso hat die Schnecke, das Tier der Jahresfruchtbarkeit und der Lebensdauer, in Gertrauds Dienst gestanden, und ihr besonderes

Gefolgstier, die Maus, zieht am Gertraudentag vom Haus aufs Feld. Die der Kornmaus dargebrachten Ernteopfer lebten in der „Mäusenudel" nach. Dieses Mehlmäuslein, das die Bäuerin mit dem ersten Frühlingsbeginn anfertigte, ist ein in Butter um ein Salbeiblatt gebackener Eierteig, aus dem der Blattstiel gleich einem Mausschwänzchen vorsteht. Aber die nächtlich wühlende Maus kündet mit ihrem Erscheinen nicht nur die Reife der Saat, sondern auch Mißwachs, Seuche und Tod an.

Gertrauds Name ist in mehreren Segen erwähnt, z. B. in einem Segen aus Braunschweig zur Stillung des Blutes, in einem andern, den eine Frau sprach, wenn sie der Henne die Eier zum Brüten unterlegte:

> *»Alle in un alle uth –*
> *so spricht die liebe Jungfrau sente Gerdrud.«*

An dem Vertrauen des Volkes auf Gertrauds Schutz gegen die Gefahren der Reise und für gute Herberge fand ein beliebter und weitverbreiteter Trinkbrauch Anhalt und Stütze, die „Gertraudenminne" („Gertraudens Erinnerung"). Seit dem 11. Jh. bezeugt im lateinischen Gedicht vom Ruodlieb (2, 162), das im Kloster Tegernsee entstand. Hier ist die Gertraudsminne ein Abschiedstrunk, den der Reisende vor Antritt seiner Fahrt zu sich nimmt. Im mittelalterlichen Heldenepos „Erek" (4015) heißt es:

> *»der wirt neig im an den fuoz,*
> *ze hant truog er im dô ze heiles gewinne*
> *sant Gêrtrûde minne.«*

Ähnlich beim Geschichtsschreiber Melis Stoke 1296 und im Peregrinus, einem lateinischen Gedicht des 13. Jhs. Beim Abschied

und bei der Ausfahrt nämlich weihte man einen Trunk ihrem An-
denken: Man trank auf gute Herberge und Frieden. Auch die Ver-
söhnung nach einem Streit bekräftigte man durch die „Gertraudenminne". Auch am Ende eines Gelages ist die Gertraudsminne bezeugt (Wiener Meerfahrt); das ist umso beachtenswerter, da aus
dem Norden überliefert ist, daß die letzte Minne bei den großen
Tempelfesten, also der Trunk zur Verabschiedung der Festteilneh-
mer, der Göttin Freyja galt. Freyja ist auch Göttin der Reisenden,
da Sie im Mythos selbst weite Reisen unternehmen muß, um Ihren
Geliebten Óðr zu finden. Nach dem Fest mußten die Teilnehmer
wieder nach Hause reisen und erbaten dazu Freyjas Minne. Erst
nach dem Freyja-Horn (Trank auf Freyja) war es gestattet, das Fest
zu verlassen. In der Bósa Saga og Herrauðs heißt es:

*»Zuletzt kam der der Freyja geheiligte Minnebecher, nachdem Óðins Minne
getrunken war: Da griff Sigurðr die Saite [der Harfe], die quer über alle die
anderen Saiten gespannt war. Er hatte sie bis jetzt noch nie berührt, und bat
den König, sich auf einen starken Schlag gefaßt zu machen. Da erfaßte es den
König so, daß er aufsprang, und so auch Braut und Bräutigam, und die waren
nun die wackersten Tänzer, und dieser Tanz dauerte lange Zeit.«*

Daneben gilt aber natürlich Þórr als wichtigster Gott der Reisen. Er
wurde bei den Christen durch St. Johannes ersetzt. In Holland galt
der Segensspruch als besonders kräftiger Reisesegen:

»Sinkt Jans gelei ende sinct Gertrous minne sy met u«
("Sankt Johanns Geleit und Sankt Gertrauds Minne sei mit uns").

Am Niederrhein und in Holland war es üblich, die Gertraudsminne
aus einem schiffsförmigen Becher zu trinken. Der Kult der Gertraud hat sich besonders von Nivelles aus verbreitet, wo man ein
hölzernes Schiff mit Rädern aus dem 12. Jh. zeigte, das für Ger-

trauds-Umzüge genommen wurde. Diese Bräuche hängen damit zusammen, daß Freyjas Vater der Meeresgott Njǫrðr ist und daß Sie selbst den Beinamen Mardǫll („Meererleuchtend") trägt.

Um die Gertraudsminne in das christliche Weltbild zu integrieren, erfand man im 14. Jh. eine entsprechende Legende. Es heißt da:

»Gertrud die Jungfrau entsagt der Welt und wird Nonne. Ein Ritter, der um sie warb, gibt deshalb seine Liebe zu ihr nicht auf, er hatte in ihrem Dienste sein Vermögen bisher nicht gespart; um sie zu erfreuen und zu ehren, beschenkt er nun das Kloster, worin sie lebt. So verschwendet er sein ganzes Gut um ihretwillen und wird ein armer Mann. Wie er eines Tages in Trauer und Verzweiflung darüber umherwandert, begegnet ihm der böse Feind. Dieser errät sogleich des Ritters traurige Lage und verspricht ihm Reichtum in Fülle, wenn er ihm seine Seele dafür verpfänden wolle. Der Ritter zögert zwar, geht aber auf das Anerbieten ein, stellt eine Urkunde aus, worin er sich dem Teufel förmlich verschreibt, und wird nun ein viel reicherer Mann, als er je gewesen ist. Die Herrlichkeit geht aber nach sieben Jahren wieder zu Ende. Eingedenk seines Versprechens nimmt er Abschied von dem Kloster. Da bittet ihn Gertrud, noch einmal zu trinken, St. Johannis Geleite und ihrer Minne (d. h. ihr Gedächtnis). Er tut es und begibt sich in die Wüstenei. Der Feind erscheint und erschrickt, daß er sein Opfer nicht holen kann. Der Teufel ruft aus: „Sie sitzt dahinten auf deinem Pferd, die dir allerletzt zu trinken gebracht; sie hat es mir also sehr verwehrt, sie hat mir genommen alle Macht." – Der Teufel gibt die Urkunde zurück und erklärt den Ritter frei und ledig. Dieser kehrt freudevoll zurück, und fortan ist er ein frommer Mann.«

Hier schützt Gertraud den Ritter wie eine Valkyre den ihr Anvertrauten. Die Liebesgöttin Freyja ist auch Anführerin der Valkyren.

Praktisch alle Zuständigkeiten Freyjas finden wir in christlicher Zeit auf Gertraud übertragen:

Hilfe beim Kampf,
Empfängerin der Toten,
Heilgöttin,
Schützerin der Reisenden,
Helferin gegen Mäuse,
Abschiedstrunk,
Frühlingszeit,
Patronin der Schiffer,
Attribut Schiff,
Schwarzspecht,
Jungfrau.

Kapitel 9

Brisinga=Men

Freyjas wichtigstes Attribut ist das Halsband (altnord. „men") Brísinga. Über die Entstehung dieses Halsbandes sind in den Mythen nur teils dunkle Andeutungen zu finden.

Es besteht aus „Steinen" (oder vergleichbaren Gebilden, z. B. Glasperlen, Muscheln oder andere Gegenstände aus dem Meere) und Gold, mit dem die Steine gefaßt sind.

Im ersten Teil des Mythos geht es allein um die Beschaffung der Steine durch Heimdallr und Loki. Heimdallr ist der Sohn der neun Wellenmütter, deswegen für eine Beschaffung von Gegenständen aus dem Meere geeignet, Loki ist wegen seiner List und Verschlagenheit dabei behilflich.

Die ersten Andeutungen über Freyjas Halsband finden wir in den Skáldskaparmál Kap. 8:

»Wie soll Heimdallr bezeichnet werden? – Man nennt ihn den Sohn der neun Mütter oder den Wächter der Götter – wie oben berichtet – oder den Weißen Ásen, Lokis Feind, Freyjas Halsbandsucher (…)
Er ist der Besucher Vogaskers und des Singasteins – als er den Handel mit Loki hatte um Brísingamen –; er heißt auch Vindlér. Úlfr Uggason erzählt in der Húsdrápa jene Geschichte ausführlich, und dort ist davon die Rede, daß sie in Seehundsgestalt waren. – Er ist auch ein Sohn Óðins.«

In Skáldskaparmál 64 findet sich die Strophe der Húsdrápa, in der die Geschichte angesprochen wird:

»Ratberühmter Götter-Rain-Wart fuhr zum Singastein.
Mit ihm war der viellistige Fárbauti-Sohn da.
Die strahlende Haff-Niere [hafnýra] sollte
– Hab es in Liedes Abschnitt –
Acht Mütter und einer Erbe, mutiger, erwerben.«

Der Götter-Rain-Wart ist der Wächter an der Götterbrücke, Heimdallr, der Erbe von acht Müttern und einer ist auch Heimdallr, Fárbautis Sohn ist Loki.

Der Singastein ist der „Stein der (Zauber)gesänge", wobei auch die Übersetzung „alter Stein" (gotisch sineigs, „alt") und „Zauberstein, Amulett" (zu *signasteinn) möglich wäre. Vogasker ist die „Wogen-Schäre".

Heimdallr und Loki fahren also zur Wogenschäre, wo es den Singa-stein gibt, wovon sie nun für das Halsband Freyjas in Seehundsge-stalt Steine nehmen, die offenbar aus dem Wasser geholt werden müssen. Dabei kommt es zum Kampfe zwischen ihnen, weil Loki vermutlich diese magischen Steine für sich behalten wollte.

Die Bezeichnung dieser Steine als „Haff-Nieren" hatte dazu ge-führt, daß man von nierenförmigen Gebilden ausgeht. Tatsächlich führt der Golfstrom die nierenförmige Frucht einer westindischen Pflanze nach Skandinavien. Es handelt sich um die Riesenhülse (Entada Scandens), deren Frucht in Norwegen Vettenyrer oder Søbønner („Wasserniere, Meerbohne Seebohne, Thomasbohne") genannt wird. Die herzförmigen Früchte wurden als „Geburtsstei-ne", als Amulette für gebärende Frauen verwendet, indem man sie der Gebärenden auf den Bauch legte oder wie einen Gürtel um den

Bauch band. Wenn man sie nicht benutzte, trug man sie um den Hals.

In christlicher Zeit wurde dieser Glaube auch auf den Rosenkranz übertragen und so können wir umgekehrt auch Wirkungen des Brísingamens rekonstruieren. Der Rosenkranz ist uralt, schon aus Indien bekannt; die Benediktinermönche hatten ihn seit dem 6. Jh. Seine Perlen müssen aus haltbarem Material sein. Aus den kastaniengroßen, ungiftigen Früchten mit vier Spitzen der Wassernuß (Trapa natans), einer heute seltenen Wasserpflanze in stehenden Gewässern wurden früher Rosenkränze gefertigt, was an die „Haffnieren" des Brísingamens erinnert. Nostradamus (geb. 1503) schreibt in seinem Kräuterbuch, daß die Rosenkränze aus schwarzem Augstein (Gnatzstein oder Quarz bzw. Achat) sind, was wiederum an den Singastein erinnert. Im Volksglauben liefen aber zwei unterschiedliche Vorstellungen zusammen; der Rosenkranz als Abwehrer von Geistern und Dämonen erinnert an Þórs Kraftgürtel, der Rosenkranz für Geburtserleichterung aber an Freyjas Brísingamen. So tragen Schwangere einen Rosenkranz bei sich gegen Behexung und zur Erleichterung der Geburt. Schenkt ein Mädchen ihrem Geliebten einen Rosenkranz, so wird ihre Liebe immer größer, denn der Rosenkranz „bindet". Wenn eine ledige Person einen Rosenkranz findet, an dem nichts fehlt, als das Kreuz, und ihn neun Jahre lang an einem Säckchen angehängt trägt oder ans Kleid heftet, so kann ihr nie etwas schaden, auch bei der Schwangerschaft nicht. Legt man einen neun Jahre getragenen Rosenkranz einer schwangeren Frau auf die Brust, so bringt sie leicht ein gesundes Kind zur Welt. In der Muraköz (Ungarn) muß die Hebamme, wenn sie zum ersten Male das Zimmer betritt, die Gebärende mit ihrem Kopftuche und ihrem Rosenkranz drei Mal schlagen, damit die Geburt schnell vonstatten gehe und das Wochenbett fieberfrei sei. Einen Kranken siebenmal mit dem Rosenkranz unter Anwendung gewisser Formeln zu bestreichen, heilt ihn.

Abb. 13: Halskette aus dem Frauengrab von Hagbartsholmen, 10. Jh.

Wie man sich einen einfachen Frauenschmuck der Vikingerzeit vorstellen kann, zeigt Abb. 13. Es ist die Halskette I/1954 Hagbartsholmen, Steigen, Salten (Norwegen) aus dem 10. Jh. (Universitätsmuseum Tromsø). Hier ist allerdings kein Gold oder Silber verarbeitet.

Freyja hat also mit dem Brísingamen auch eine magische Macht über die Geburt, und in so einem Sinne wird die Göttin ja auch – nach Frigg – von Borgný aus Dank für die Geburtshilfe angerufen (Óddrúnargrátr 8):

> *»So helfen dir holde Wesen,*
> *Frigg und Freyja und mehr der Götter,*
> *Wie du nahmst mich der Gefahr aus den Händen.«*

Doch der Gürtel ist noch nicht fertig. Nachdem Heimdallr mit Lokis Hilfe und gegen Lokis Intrige die Steine beschaffte, wurde noch das Gold zur Fassung derselben benötigt. Freyja wurde – laut dem jungen Sǫrla Þáttr – Óðins Geliebte. Vermutlich war das noch vor Ihrer Heirat mit Óðr. Es heißt im Sǫrla Þáttr:

»Östlich von Vanakvisl [der Fluß Don] in Asien wurde das Land Ásialand oder Ásiaheim genannt. Und die Bevölkerung, die dort wohnte, nannte man Ásen, und die Hauptstadt nannten sie Ásgarðr. Óðinn wurde als deren König bezeichnet. Dort war eine große Opferstätte. Óðinn setzte Njǫrðr und Freyr als Opferpriester ein. Eine Tochter Njǫrðs hieß Freyja. Sie schloß sich Óðinn an und wurde seine Geliebte.«

Die Fortsetzung finden wir nur in einer sehr tendenziellen Schilderung bei Saxo Grammaticus (Buch 1, 25), hier aber auf die Göttin Frigg bezogen; ich glaube, daß Saxo durcheinandergekommen ist und Frigg und Freyja verwechselte, denn die Schilderung paßt eher

zu Freyja; Saxo hatte auch ein Interesse, Frigg und Othin schlecht-
zumachen, während er Freyja (als Syritha) positiv darstellte. Ich set-
ze diesen Teil dennoch hierher, mit allen möglichen Fragezeichen
und benutze statt Saxos Namen „Frigga" nur ein „F.". Das Byzanz
hier entspricht dem Ásgarðr der späteren Quellen:

»*In dieser Zeit hielt sich ein gewisser Othin, obschon er in ganz Europa fälschlich als Gott angesehen wurde, doch häufiger in Upsala auf und ehrte diese
Stadt ganz besonders als gewöhnliche Residenz, vielleicht wegen des Stumpf-
sinns der Einwohner, vielleicht auch wegen der schönen Lage. Seiner göttlichen
Majestät wünschten die Könige des Nordens ihre ergebene Verehrung zu zeigen, ließen seine Gestalt in einem goldenen Abbilde darstellen und schickten die
Statue als Zeichen ihrer Ergebenheit mit dem Ausdrucke der frömmsten Got-
tesfurcht nach Bizantium; den Umfang der Arme der Statue umgaben sie mit
schweren Spangen. Othin war über diese Huldigung sehr erfreut und erkannte
gern den guten Willen der Spender mit lobenden Worten an. F. aber, seine Gemahlin, ließ Schmiede kommen und der Statue das Gold abnehmen, um es zu
ihrem eigenen Schmucke bei ihrem Auftreten zu verwenden. Othin ließ die
Schmiede den Tod durch den Strang sterben, die Statue auf einen Sockel stellen
und machte sie sogar durch Zauberkraft sprechend bei menschlicher Berührung.
Jedoch F. legte mehr Wert auf einen glänzenden Schmuck, als auf die göttlichen
Ehren ihres Gemahls, gab sich einem Diener preis und benutzte dessen Ge-
schicklichkeit, um die Bildsäule umzuwerfen; das Gold, das der allgemeinen
Verehrung gewidmet war, benutzte sie als Mittel ihres Schmuckes*«.

Wie gesagt, wir wissen nicht, ob Frigg oder Freyja hier gemeint
sind, und wir wissen auch nicht, was Saxo aus Haß gegen Frigg hin-
zuerfunden hat.

Die folgende Fortsetzung, wiederum aus dem Sǫrla Þáttr, ist hinge-
gen schon deswegen glaubwürdiger, weil dieselbe Schilderung mit
sieben statt vier Zwergen als Märchen Schneewittchen erhalten

und weil hier ein alter Naturmythos verborgen ist. Danach ist Freyja Frühlings- und Wachstumsgöttin (wie Venus in der ursprünglichen Ansicht) und bewirkt mit den in der Erde befindlichen Wachstumsgeistern (den Zwergen) das Hervorbringen der Früchte (der Halsschmuck). Die mühevoll beschafften Steine werden hier gar nicht erwähnt. Hier nun der Text:

»Es lebten Männer in Asien, von denen der erste Alfrigg, der zweite Dvalin, der dritte Berling und der vierte Grer hieß. Sie besaßen ein Haus in der Nähe der Königshalle. Sie waren so geschickte Leute, daß sie sich in allem als Meister erwiesen. Solche Leute, wie sie waren, nannte man Zwerge. Sie bauten ein Steingebäude. Sie vermischten sich damals mehr mit Menschen als heute.
Óðinn liebte Freyja sehr, sie war aber auch die schönste aller Frauen in jener Zeit. Sie besaß ein kleines, alleinstehendes Haus. Das war sowohl schön als auch solide gebaut, so daß die Leute sagen, daß, wenn die Tür zugezogen und verschlossen war, kein Mann sich Zugang zu dem Haus verschaffen konnte ohne den Willen Freyjas.
Es geschah eines Tages, daß es Freyja zu dem Steinhaus [der Zwerge] hinzog – dieses stand da offen. Die Zwerge waren damit beschäftigt, eine Halskette aus Gold zu schmieden. Diese war bald fertig. Freyja gefiel der Halsring sehr. Den Zwergen gefiel Freyja auch sehr. Sie suchte den Halsring zu kaufen, indem sie den Zwergen Gold und Silber und sonstige gute Ware dafür bot. Diese sagten, sie seien nicht notleidend. Sie sprachen, jeder von ihnen wolle selbst seinen Anteil am Halsring verkaufen, und sie wollten nichts andres dafür haben, als daß sie je eine Nacht mit jedem von ihnen schliefe.
Und einerlei, ob dies nun schwerer oder leichter von ihr zu erlangen war – sie erkauften sich dies von ihr. Und als vier Nächte vergangen waren und alle Abmachungen erfüllt waren, gaben sie Freyja den Halsring. Sie ging dann in ihr Haus zurück und verhielt sich ruhig, als ob nichts geschehen wäre.
Ein Mann hieß Farbauti. Er war ein alleinstehender Mann und nahm sich eine einfache Frau zur Ehe, die Laufey genannt wurde. Sie war sowohl schmächtig, wie auch sehr dünn, und deshalb nannte man sie Nal. Sie hatten

einen Sohn unter den Kindern, der Loki genannt wurde. Er war nicht groß an Wuchs. Er war bald scharfsinnig und flink im Auftreten. Er hatte andern Menschen eine Klugheit voraus, die Verschlagenheit heißt. Er war schon in jungen Jahren sehr zauberkundig, deshalb wurde er Loki der Hinterlistige genannt. Er ritt zu Óðinn auf Ásgarðr und wurde einer seiner Männer. Óðinn hielt in allem Möglichen zu ihm, was auch immer er unternahm. Außerdem legte er ihm oft große Aufgaben auf, und er führte diese besser als erwartet aus. Er wurde auch fast alles gewahr, was sich tat. Er sagte Óðinn auch alles, was er wußte. Es wird auch gesagt, daß Loki erfuhr, daß Freyja das Halsband erhalten hatte, sowie was sie im Gegenzug gegeben hatte. Auch das sagte er Óðinn.

Aber als Óðinn das erfuhr, sagte er, daß Loki zu dem Halschmuck gelangen und ihn sich beschaffen solle. Loki sagte, daß es nicht aussichtsreich sei, aus dem Grunde, daß kein Mann in das Frauengemach der Freyja kommen konnte ohne ihren Willen. Óðinn sagte, daß er gehen müsse und nicht zurückkommen solle, bevor er den Halsschmuck habe. Loki suchte brüllend das Weite. Die meisten freuten sich, daß Loki wenig Erfolg in Aussicht hatte.

Er geht zu Freyjas Frauengemach, und es war verschlossen. Er versucht hineinzukommen, aber es gelang ihm nicht. Es war draußen sehr kalt und er begann zu frieren. Er wurde dann zu einer Fliege. Er irrte dann um alle Schlösser und Fugen herum, aber er konnte keine Öffnung finden, durch die er hätte hineinkommen können. Ganz oben auf dem Dachfirst und nicht größer als ein Loch fand er schließlich etwas, wo man eine Nadel hineinstecken konnte. Durch dieses Loch kroch er hindurch. Und als er hineinkam, sperrte er die Augen sehr weit auf und gab darauf acht, ob jemand aufwachte. Aber er konnte sehen, daß alles im Gemache schlief.

Er geht dann an Freyjas Bett heran und erkennt, daß sie den Halsschmuck um ihren Hals trägt, und daß die Verschlüsse des Halsbandes nach unten gewendet waren. Loki verwandelt sich dann in einen Floh und setzt sich auf Freyjas Kinn und beißt, so daß Freyja erwacht und sich herumdreht und wieder einschläft. Dann legt Loki die Flohgestalt ab und entwendet ihr so das Halsband; er schließt das Gemach auf und geht weg und gibt es Óðinn.

Freyja erwacht am Morgen und sieht, daß alle Türen offen, aber nicht aufge-
brochen sind, aber daß das Halsband weg war. Sie meint zu wissen, was für
eine Zauberkraft wahrscheinlich im Gange war. Sie geht, als sie angezogen ist,
in König Óðins Halle und sagt, daß er Übles habe ausführen lassen, ihren
Schmuck von ihr zu stehlen und bittet ihn, ihr ihren Schmuck wiederzugeben.
Óðinn sagt, daß sie den niemals bekommen solle, nur dann, wenn sie das er-
reicht hatte, daß „du es schaffst, daß zwei Könige – wenn je zwanzig Könige je-
dem von beiden dienen – sich uneins werden, und daß sie unter den Bedingun-
gen und Verwünschungen kämpfen, daß sie wieder aufstehen, sobald sie fallen.
Es sei denn, daß ein Christ so tapfer wäre, daß ihm soviel Glück seines Lan-
desherrn beschert wäre, daß er wagte, zu diesen Kämpfen zu gehen und mit
Waffen diese Männer zu töten. Dann erst soll dieses ihre Mühen beenden. Je-
dem Fürsten wird somit auferlegt, sie aus Not und Mühsal ihrer gefährlichen
Vorgehensweisen zu erlösen". Freyja stimmte dem zu und nahm das Hals-
band.«

Diesen ewigen Kampf zweier Heere, das Hjaðningavíg, inszeniert
Freyja durch die Valkyre Hild. Deswegen kann es sein, daß Sie
selbst als Hild erscheint.

In Skáldskaparmál 16 heißt es entsprechend über Loki, er sei Dieb
des Brísingamen und hartnäckiger Feind Heimdalls und Skaðis.
Die Bezeichnung Brísingamen übersetze ich mit brím („Brandung") und singa („Stein der Gesänge"), so daß sich der Name auf
die Steine selbst bezieht. Aber man hat das Wort auch mit „Feuer"
(altnord. brísingr, norwegisch brising) übersetzt und als die Strahlen
des Nordlichtes gedeutet, oder mit „Einfassen, Schnüren" (mhd.
brise, brisen) verbunden. In der Þulur wird ein Zwerg Brísingr erwähnt.

Im Beowulfepos (1197 – 1201) kommt dieser Schmuck auch vor,
der hier von einem Hama („Grille" oder „Hemd", wohl mit Hei-

mir, Heimdallr, identisch) gebracht wird. Ermanarich, Eormenric („Weltmacht") ist wohl Óðinn:

>>*Gebracht ward ihm der Becher / und geboten mit Worten*
freundlicher Einladung / und funkelndes Gold
huldvoll hingereicht: / zwei Handspangen,
eine Ringrüstung / und der reichste Halsschmuck,
davon gehört ich habe / hier auf Erden.
Nie unterm Himmel / vernahm ich von herrlicherem
Hortgut der Helden, / seit Hama trug
zur blinkenden Burg / den Brosinga mene,
das funkelnde Kleinod. / Er floh die Nachstellung
Ermanarichs, / wählte ewiges Heil.
Den Halsschmuck trug / Hygelak, der Gaute,
Swertings Enkel, / zu allerletzt,
als er unterm Banner / die Beute verteidigte,
die Schätze schirmte. / Das Schicksal nahm ihn fort,
als er aus Übermut / Unheil suchte,
die Fehde mit den Friesen. / Er führte den Schmuck,
die Edelsteine, / über den Anger der Wogen,
der Schatzverschenker. / Unterm Schild fiel er.
Da verfiel den Friesen / des Fürsten Leib,
die Brustbrünne / und der blinkende Reif.<<

Als Þórr zu Freyja geht, um Sie dazu zu bringen, den Riesen Þrymr zu heiraten, damit der den Hammer Þórs zurückgibt, ist Freyja so erzürnt, daß der Halsschmuck zu Boden fällt (Þrymsqviða 12f):

>>*Sie gingen, die schöne Freyja zu finden,*
Und es war das Wort, welches er sprach zuerst:
„Lege, Freyja, dir an das bräutliche Linnen;
Wir beide wir reisen gen Jötunheim".<<

Abb. 14: Der Fölhagen-Schatz, Björke Ksp., Gotland, Ende des 10. Jh.

Wütend ward Freyja, sie schnaubte vor Wut,
Die ganzen Säle der Ásen erbebten;
Es fiel der mächtige Halsschmuck Brísinga:
„Mich mannstoll meinen möchtest du wohl,
Reisten wir beide gen Jötunheim".«

Wäre Freyja so leichtlebig, wie es manche tendenzielle Quellen vor-
geben, dann hätte Sie sich hier wohl nicht so aufgeregt. Später ver-
kleidet sich Þórr und legt auch den Brísingamen an.

Die Abb. 14 zeigt den Fölhagen-Schatz, Norwegen, Ende des 10.
Jh. Er besteht aus goldenen und silbernen Stücken, darunter auch
Gesichtsmaskenanhänger, sowie einer Kette mit ziselierten Kugeln
(Statens Historiska Museum). In ähnlicher Form, noch prächtiger,
werden sich unsere Vorfahren Brísingamen vorgestellt haben.

In einer Strophe der Haustlǫng (Sksk. 100) wird Brísingamen als
Kenningar verwendet:

> *»Der Brunnakr-Bänke Brísings-Götter-Díse den*
> *Gürteldieb in den Hof des Stein-Niðuðs.«*

Auch Aphrodite besitzt einen Zaubergürtel, der ihr den ihren unwi-
derstehlichen Liebreiz verschafft. Es ist der Kestòs himàs poikílos
(„buntbestickter Gürtel"), den ihr Mann, der Schmiedegott Hephaistos, ihr aus Gold und Edelsteinen gefertigt hatte; der Name
deutet an, daß die ursprüngliche Vorstellung die eines Stoffgürtels
gewesen ist. In Homers Ilias (14, 214-220) leiht Aphrodite ihn an
Hera aus, die damit Zeus bezaubern will:

> *»Ihr antwortete darauf die Tochter Zeus' Aphrodite:*
> *„Here, gefeierte Göttin, erzeugt vom gewaltigen Kronos,*
> *Rede, was du verlangst; mein Herz gebeut mir Gewährung,*
> *Kann ich nur es gewähren, und ist es selber gewährbar".*
> *Darauf mit listigem Mute begann die Herrschein Here:*
> *„Gib mir den Zauber der Lieb' und Sehnsucht,*
> *welcher dir alleinstehender Herzen*
> *unsterblicher Götter bezähmt, und sterblicher Menschen (…)"*

Ihr antwortere darauf die holdanlächelnde Kypris (...)
Sprach's, und löste vom Busen den wunderköstlichen Gürtel,
Buntgestickt: dort waren die Zauberreize versammelt;
Dort war schmachtende Lieb' und Sehnsucht, dort das Getändel,
Dort die schmeichelnde Bitte, die oft auch den Weisen betöret.
Den nun reichte sie jener, und redete, also beginnend:
„Da, verbirg in dem Busen den buntdurchschimmerten Gürtel,
Wo ich die Zauberreize versammelte. Wahrlich du kehrst nicht
Sonder Erfolg von dannen, was dir dein Herz auch begehret".«

Auch hier ist es ein Zaubergürtel, dieser verschafft der Trägerin alle
Zauber der Liebe.

Auch wenn wir es nirgends in unseren Mythen finden, dürfen wir
wohl eine gleiche Funktion auch vom Brísingamen vermuten, zumal dieser ja einen auf Zauber hinweisenden Namen trägt und der
davon abgeleitete Volksglaube zum Rosenkranz auch Erfolg in der
Liebe bewirkt. Was für die Kopie, die menschliche Nachahmung
gilt, gilt natürlich zuerst auch für das Original der Göttin.

Im Christentum ersetzt vielleicht der Sternenkranz der Jungfrau
Maria den Halsschmuck der Liebesgöttin und natürlich der erwähnte Rosenkranz, zumal die Rose der Göttin Freyja geweiht ist.

In der naturmythologischen Deutung wurde Brísingamen als Bild
für die Blumen auf der Frühlingserde gedeutet. Die Frühlingsgöttin
(Freyja) schmückt Sich mit Blumen (dem Halsschmuck), und diese
Blumen verdanken ihr Wachstum den wachstumsbefördernden
Kräften, also den Zwergen. In den Sǫrla Þáttr heißen sie Alfrigg
(„der mächtige Albe" – weist auf die Wirkung der Alben hin), Dva-
linn („der Langsame", „der Schlafende" – spricht das langsame
Wachstum an), Berlingr („kurzer Balken" – bedeutet die noch kur-
zen Stengel der jungen Pflanzen) und Grerr („der Kurze" oder „der
Brüller", vielleicht auch zu gróa, „wachsen" zu stellen – Wachs-

tum). In der Sommerhitze (Loki) verschwinden die Blumen (die Blüten), was der Raub des Brísingamens ist, doch für das neue Jahr bekommt die Frühlingsgöttin die Blumen (in Form der Samen) zurück.

Die andere Deutung ist kosmisch; Freyja wurde dabei als Nacht-, Himmels- und Mondgöttin verstanden, Brísingamen aber als Tierkreis gedeutet. Sie reitet auf Ihrem Schwein (dem Mond) durch den Tierkreis. Weitere Deutungen wollen das Polarlicht, die Morgenröte oder das Meeresleuchten mit Brísingamen verbinden.

Die in einem Liede erwähnte Göttin Menglǫð („die Halsbandfrohe") ist nach dem Mythos nicht mit Freyja identisch, sondern eher mit Sól, der Sonne. Zwar weist der Name auf Freyja hin, aber es ist wohl anzunehmen, daß alle Göttinnen Schmuck tragen; von den Göttern führt ja auch nicht nur Týr ein Schwert. Menglǫð ist die Braut von Svípdagr, und dieser ist mit Dagr („Tag") und damit mit Baldr identisch. Somit ist Menglǫð Seine Gemahlin Nanna und diese wahrscheinlich die Göttin Sól.

Kapitel 10

Attribute Freyjas

Freyja weint um Ihren Geliebten Óðr viele Tränen, und diese werden zu rotem Gold. Warum aber verläßt Óðr Sie überhaupt? Darüber gibt es verschiedene Theorien.

Bei der Aufzählung der zwölf Himmelsburgen oder Himmelspaläste der Götter im Eddalied Grímnismál steht Freyjas Palast Folkvangr an 9. Stelle und wenn man diesen Himmelsburgen die Tierkreiszeichen zuordnet, steht bei Ihr das Zeichen des Schützen. Der Schütze aber ist der Jäger Óðr, der immer unterwegs ist.

Dann gibt es die Deutung, daß Óðr mit dem blinden Hǫðr (Hother) identisch ist, der ein Gott der Nacht oder des Dunkels und vielleicht sogar ursprünglich der Unterwelt ist, denn der Name Hother ist etymologisch mit Hades verwandt, dem Unterweltsgott der Griechen. Freyja aber ist Göttin auch der Morgenröte, die der Nacht (Óðr) nachfolgt und den neuen Tag heraufführt und eigentlich nie die Nacht ganz erreichen kann.

Zu den goldenen Tränen der Göttin finden sich einige Skáldenstrophen in der Jüngeren Edda (Sksk. Kap. 37):

»Das Gold heißt, wie oben gesagt, Freyjas Tränen. So dichtete Skúli Þorsteinsson:

Mancher Mordflammen-Zerrammer
erhielt am Morgen mehr

101

an Freyjas Tränen, wo wir fällten
Krieger, wir waren dort.

Und das sagt Einar Skúlason:
Wo Mardǫlls Weinen die Axtfurchen
füllt. Halt' Gauts gewaltiger
Tür Zertrenner in Händen,
Talforellen-Bett geschwellten.

Und hier hat Einar Freyja umschrieben, daß er sie Mutter der Hnoss oder
Óðrs Frau nennt, so wie hier:
Auch vom Augenregen
Óðrs Bettfreundin nie Róði-
Dach Eis taut, argbissiges.
Langes Leben dem König.

Und noch so:
Kleinod ich, Hǫrns kunstvolles
Kind, trage, goldbeschlagenes.
Meidet Schildes Schädiger
Brand des Meeres nimmer.
Den Lid-Regen der Mutter
Gunn-Schwans Fütterer
Fróðis Pfleglings Saat
Freys Nichte trägt.

Hier dichtete er auch, daß er Freyja als Schwester Freys bezeichnet. Und so
auch:
Die Nichte , Njǫrðs Tochter
Sichren Schutz bot gewichtige Axt
An der seeumsäumten Hütte.
Wohl rühme ich das Kind.

Hier wird sie Njǫrðs Tochter genannt. Und weiter so:

> *Es gab mir die dauerhafte*
> *Vanenbraut-Tochter*
> *Váfuð-Things wagmutiger*
> *Weidlich fester Leiter;*
> *Gefns Maid der Speer-Zerstörer*
> *Gab allda dem Skálden –*
> *Glut dran gleißt vom Pfade*
> *Gautreks Schwans ins Brautbett.*

Hier heißt sie Gefn und Vanabraut.

Mittels aller Namen der Freyja können richtige Umschreibungen der Tränen und damit des Goldes gebildet werden, und zwar in mannigfaltiger Weise, indem man von Hagel oder Regen oder Unwetter oder Tropfen oder Schauern oder Wasserfällen ihrer Augen oder Wangen oder Backen oder Wimpern oder Lider spricht.«

Die Umschreibungen (für Axt, Schild, Schwert) aufzulösen muß ich mir hier aus Platzgründen ersparen.

Die goldenen Tränen hat man unterschiedlich zu deuten versucht. So sind sie der Tau, der sich morgens zur Morgenröte zeigt und der golden in der Morgensonne schimmert. Auch als das „Gold des Meeres", den Bernstein, deutete man diese Tränen.

Es gibt eine Orchidee, in deren Blüte sich immer ein Tautropfen findet, Frowas Träne (Frauenträn, Orchis). Diese Orchidee ist nach Freyjas südgermanischen Namen benannt und Ihr geweiht. Die Christen machten daraus eine Träne der Maria.

Ein anderes Attribut ist das Federgewand Freyjas; in der Jüngeren Edda heißt es Valshamr, in der Älteren Edda Fjaðrhamr („Federhemd"). Der Name Valshamr kann verschieden übersetzt werden, mit „Falkenhemd" oder „Pferdehemd" (valr, „Falke, Pferd"), aber valr kann auch „Toter, Leiche, Schlachttoter" bedeuten; ich halte diese Übersetzung für passender, denn Freyja fliegt ja als Valkyre durch die Luft und wird dort auch dieses Gewand tragen, was dann das Valkyrenhemd ist. In Bragarœður 3 benutzt Loki es, um zu den Riesen zu fliegen und nach der geraubten Iðunn zu forschen:

»Da wurde Loki ergriffen und zum Þing geführt, auch mit Tod oder Peinigung bedroht. Da erschrak er und versprach, er wolle nach Iðunn in Jötunheim suchen, wenn Freyja ihm ihr Valshamr leihen wolle. Als er das erhielt, flog er nordwärts gen Jötunheim.«

Mit diesem Gewande sieht er aus wie ein Falke; nur an den Augen wäre er noch als menschliches Wesen zu erkennen. Freyjas Valshamr wird auch in der Þrymsqviða 3f als Federhemd erwähnt:

»Sie gingen zu Freyjas herrlichen Höfen
Und es war sein Wort, welches er sprach zuerst:
„Willst du mir, Freyja, dein Federhemd leihen,
Ob meinen Hammer ich finden möge?"

Freyja sagte:
„Ich wollt' es dir geben und wär' es von Gold,
Du solltest es haben und wär' es von Silber".

Flog da Loki, das Federhemd rauschte,
Bis er hinter sich hatte der Ásen Gärten
Und jetzt erreichte der Jöten Heime.«

Auch von Frigg heißt es (Skaldskaparmál Kap. 19), daß Sie ein Valshamr besitzt; möglicherweise ist Ihr da nur Freyjas Valshamr fälschlich zugeschrieben worden, denn Sie reitet nicht als Valkyre.

In diesem Zusammenhang ist auch interessant, daß im Norden Schmetterlinge „Freyjas Hemd" heißen. Offenbar wurden die bunten Flügel der Schmetterlinge mit den Farben der Göttin zusammengebracht.

Ein anderes, wichtiges Attribut ist ein Wagen, der von zwei Katern oder Katzen gezogen wird; ich hatte die Stelle Gylfaginning 24 schon auf S. 13 zitiert. In der Gylfaginning 49 wird erzählt, wer zur Bestattung von Baldr kam, und da heißt es:

»*Freyja fuhr ihr Katzengespann [köttum].*«

Dazu paßt auch der deutsche Aberglaube, daß die Jungfrau, die Katzen liebt, einen guten Mann bekommt, also Glück in der Liebe haben wird.
In den Gylfaginning steht immer der Begriff „Katzen" (köttum), in den Skáldskaparmál 20 aber „Kater" (fressa). Dieses Wort „fress" steckt auch in unserem „Vielfraß", denn der Vielfraß (eine Marderart) ist richtig ein „fjeldfross" („Felsen-Kater"). Möglicherweise sind also auch andere Marder der Freyja geweiht. In jedem Falle aber ist ursprünglich bei Freyjas Katzen an einheimische Katzen zu denken, also Wildkatzen; unsere heutigen Hauskatzen kamen aus Ägypten. In Ägypten aber gibt es unsere Göttin als Göttin Bastet, die katzenköpfig dargestellt wurde.

Der Wagen der Göttin Cybele wurde von zwei Panthern gezogen; die Dea Syria fuhr einen Löwenwagen, und es gibt auch eine Darstellung von 1669 der Venus in einem Wagen, der von Katzen (einem Leopard und einem Löwen) gezogen wird. Das Bild stammt von der friesischen Adeligen Juliana de Roussel, siehe Abb. 15. Eine goldene Plastik aus dem Anfang des 17. Jh. zeigt Venus mit zwei Katzen (Süddeutschland, heute im Königspalast, Stockholm).

Abb. 15: Venus im Leopard- und Löwenwagen. Juliana de Roussel, 1669.

Ein Brakteat aus Eschwege-Niederrhone (Deutschland, frühes 7. Jh.) zeigt Frowa mit zwei Katzen, einem Bogen und reichem Schmuck sowie vier großen Blüten. Es ist Beweis, daß das Bild der Liebesgöttin mit Katzen hohes Alter aufweist und auch außerhalb Skandinaviens bekannt war (Abb. 16).

Wie können wir uns den Wagen mit den Katzen vorstellen? Es ist sicher ein vierrädriger Wagen, denn in der Natur finden wir ihn im Sternbild des „kleinen Wagens" am Nordhimmel. Dieses Sternbild heißt in einer Überlieferung ja auch noch „Frauenwagen" (kvenna-vagn), was nichts anderes als „Freyjas Wagen" bedeutet. Diese Überlieferung ist der Codex Nr. 1812 von 1250:

»Und nahe jener Nabe ... sind drei Sternbilder, die Bären, die wir Wagen [vagn] und Frauenwagen [kvennavagn] nennen, und der Drache [ormr].«

106

Abb. 16: Brakteat aus Eschwege-Niederrhone, frühes 7. Jh.

Die Deichsel des Frauenwagens endet in etwa am Nordstern; der
Wagen scheint – durch den Himmelsumschwung bedingt – rück-
wärts zu fahren. Der große Wagen daneben wurde sowohl mit Þórs
Wagen als auch mit Óðins Wagen identifiziert.

Im Royal Palace von Stockholm gibt es ein goldenes Modell eines
Wagens der Venus, der von normalen Katzen gezogen wird. Dieser
Wagen ist vierrädrig und stammt aus Süddeutschland aus dem frü-
hen 17. Jh. (Abb. 17).

In einer Handschrift der Jüngeren Edda, dem Codex Upsaliensis, bekommt nicht Freyr, sondern Freyja das Götterschiff Skiðblaðnir. Das kann aber auch ein Schreibfehler des Überlieferers sein, denn in den anderen Handschriften gehört Skiðblaðnir dem Freyr. Man hat aber Freyja mit dem Schiff mit der bei Tacitus erwähnten germanischen Isis mit Barke zusammengebracht. Tacitus schrieb (Germania 9:

»Ein Teil der Sueben opfert auch der Isis. Worin der fremde Kult seinen Grund und Ursprung hat, ist mir nicht recht bekannt geworden; immerhin beweist das Zeichen der Göttin — es sieht wie eine Barke aus —, daß der Kult auf dem Seewege gekommen ist.«

Mit Isis („Sitz, Thron") kann natürlich nur Freyja gemeint sein, eine andere Göttin mit Schiff ist nicht bekannt; schon in der Antike wurde Isis oft mit Aphrodite gleichgesetzt.

In den Skáldskaparmál Kap. 28 ist eine alte Anrufung für Freyja enthalten, und hier werden Ihre Attribute auch genannt:

»Wie soll man Freyja nennen? Man soll sie anrufen Tochter Njǫrðs, Schwester Freyrs, Frau Óðrs, Mutter der Hnoss, Besitzerin der Gefallenen [valfalls] und Sessrúmnis und der Kater [fressa], Brísingamens, Vanengöttin, Vanen-Díse, die tränenschöne Göttin, Liebesgöttin [ásta guð].«

Dabei ist die Bezeichnung „ásta guð" sehr aufschlußreich, denn dieses Wort ist mit „osta" und dann mit Ostara wohl verwandt. Dann wäre „ ásta guð" auch wie Ostara mit „Sternen-Göttin" zu übersetzen, siehe das nächste Kapitel.

Der Göttin Freyja ist ja auch der Planet Venus geweiht. Im erwähnten Codex 1812 steht dazu:

»Hesperus (Venus, das nennen wir Freyio) = blodh stiarna: Das ist Blut-stern.«

Blutstern bezieht sich wohl auf die Morgen- oder Abendröte, die mit Venus im Zusammenhang steht; meist aber wurde der Planet Venus „blanka stjörna" (der weiße Stern) genannt.

Dann gilt Freyja auch als Göttin, der der Mond geweiht ist; Sie verkörpert den weiblichen Aspekt des Mondes, Heimdallr den männlichen. Schon Julius Caesar schrieb über die Germanen (De bello gallico 6, 21):

»Unter die Götter zählen sie nur die, die sie wahrnehmen und deren Wirken ihnen augenscheinlich zu Hilfe kommt, Sol (Sonnengott), Luna (Mondin) und Vulcanus. Den Glauben an die übrigen kennen sie nicht einmal vom Hören-sagen.«

Abb. 17: Venus im Katzenwagen, Süddeutschland, frühes 17. Jh.

Auch wird Freyja ein Schwein, nämlich Hildisvín („Hildes Schwein, Kampfschwein") bzw. Gullinbursti („goldborstig") zugeschrieben nach Hyndluljóð 7, was ich noch später zitieren werde. Da die Milchstraße auch „Frau Hildes Straße" heißt, kann man sich Freyja als „Frau Hilde" auf dem Rücken des Schweines über diese Straße reitend vorstellen. Diese Straße ist auch ein Totenweg, und ein solcher wird auch in den Hyndluljóð 6 und 7 erwähnt als „Valweg". In diesem Liede wird die Göttin auch mit Ziegen in Verbindung gebracht, die Sie ja auch nach Saxos Schilderung hütete (s. Seite 43).

Weitere heilige Tiere sind (wenn nicht anders angegeben, aus der volkskundlichen Überlieferung genommen):
Stier (nach den Sagas), Hase (Osterhase, Bild der Mondflecken), Wiesel („Fräulein"), Sperling, Tauben, Turteltauben, Ringtauben, Nachtigall, Bachstelze, Libelle, schwarzer Marienkäfer.

Heilige Pflanzen:
Birke (nach den Runenliedern), Linde (wendisch „Liepe" = Ljuba), Apfelbaum (Baum der Aphrodite), Kirsche (Baum der Venus), Rose (Venus, Volkskunde), Baldrian (Mondwurz, Katzenkraut, Marienwurzel), Gelbes Haarmoos (Freyjuhaar), Frauen-Flachs (Cuscuta), Frauen-Nabel (Cotyledon), Hanf (Volkssage), Leinkraut (Frauenflachs), Maiglöckchen (Jungfernschön, Frauenträne), Schlüsselblume (Frauenschlüssel, Osterschlüssel), gelbe Narzisse (Osterglocke, Osterblume), Heidekraut, weibliches Eisenkraut (Venusader, Träne der Isis, Katzenblut, Taubenkraut), Quendel (Frauenbettstroh, der Aphrodite geweiht, Frauenpoley, Hexenkraut, Jungfernzucht, Unser Frauen Bettstroh), Beifuß (Jungfernkraut, Liebeskrautwurzel, Hexenkraut, Weiberkraut, Artemisia), Dost (Frauenkraut, Moonweed), Fliegenstendel (Frauenträne), Frauenschuh (Marienschuh, Volkskunde), Hornklee (Frauenschuh), Wundklee (Frauenschuh), Schafgarbe (Jungfernaugenbrauen, Kat-

zenkraut, Katzenschwanz, Venusaugenbraue), Kreuzblümchen (Frauenschuh), Bach-Nelkenwurz (Frauaseckeli), Eberwurz (Mariendistel, Schweinedistel, Volkskunde), Mariendistel (Silybium Marianum), Frauenspiegel, Salomonssiegel (Marienzähren), Türkenbundlilie (Fraueträle), Waldhyazinte (Knabenkraut, Frauentränen), Wiesenraute (Freyjugras), Wiesenwucherblume (Freyjubrá, Leucanthemum vulgare), Schönes Widertonmoos (Schönes Frauenhaarmoos, Freyjuhár), Wundklee (Frauenträn) Geflecktes Knabenkraut (Venusblume), Labkraut (Liebfrauenbettstroh), Mauerraute (der Venus geweiht), Karde (Venuswaschbecken, Unser lieben Frau Waschbecken), Frauentäubling.

Vielleicht auch die der Artemis (Mondgöttin) geweihten Pflanzen Weißtanne und Wermut.

Weiteres: Der Freitag, Farben weiß, hellblau, hellrot, lindgrün, der Rosenquarz (der Venus geweiht, Volkskunde), Fraueneis (Marienglas), Honig, Weidenkätzchen, Ostereier, Bernstein, Tau (Sage).

Natürlich ist Freyja (Venus, Aphrodite) der Planet Venus geweiht. Seine astrologischen Wirkungen sind daher zu den Bereichen der Göttin passend. Im 2. Jh. beschrieb Vettius Valens (120 – 184) in seiner „Anthologiarum" die Wirkung des Planeten Venus (Buch I, 1, Übersetzt v. O. Schönberger und E. Knobloch):

»Venus bedeutet Begierde und Verlangen und weist auf Mutter und Nährerin. Sie bewirkt aber Priestertümer, Leitung von Sportstätten, Tragen von Goldschmuck und Kränzen, Gelage, Freundschaften, Umgang, Gewinnung von Vorräten, Kauf von Schmuck, Versöhnungen zum Guten, Heiraten, reinigende Künste, Wohlklänge, Musik, süßen Gesang, Wohlgestalt, Malerei, Mischung und Buntheit von Farben, Purpurfärben und Bereitung von Salben und die Erfinder und Herren solcher Künste, künstlerische Bearbeitung oder Kaufmannschaft bei Smaragden, geschnittenen Steinen und Elfenbeinschnitzereien.

Manche aber macht sie, wenn sie in ihren Grenzen und Graden des Tierkreises steht, zu Goldfadenspinnern, Goldschmieden, Barbieren, Liebhabern von Reinlichkeit und Spielen. Sie verleiht auch Ämter als Marktaufseher, Aufsicht über Maße und Gewichte, Kaufmannschaft, Werkstätten, Geben, Nehmen, Lachen, Fröhlichkeit, Schmuck, Fischfang. Auch schenkt sie Vorteile durch königliche Frauen oder Verwandte und verleiht ausnehmenden Ruhm, indem sie bei solchen Dingen mithilft. Bei den Körperteilen herrscht sie über Hals, Antlitz, Lippen, Geruchsinn und über die vorderen Glieder vom Fuße bis zum Kopf, auch über die Vereinigung der Fortpflanzungsglieder; im Innern herrscht sie über die Lunge. Sie ist aber auch für andere Nahrung und Lust empfänglich. Sie herrscht über das Wesen wertvoller Steine und bunten Schmuck, bei den Früchten über die Olive. Sie gehört zur Nacht, ist weiß von Farbe, von höchst fettem Geschmack.«

Die Venus kann als Abendstern am Abendhimmel erscheinen oder aber als Morgenstern am Morgenhimmel. Im Horoskop des Menschen bedeutet die Venus als Morgenstern, daß dieser Mensch aktiver und kämpferischer ist, wer aber die Venus als Abendstern hat, der ist ruhiger und neigt mehr zur Entspannung und zum Vergnügen. In der Venus-Stellung kommen somit auch die zwei Seiten Freyjas (im Kampfe wirkende Valkyrenanführerin oder Liebesgöttin) zum Ausdruck.

Im Tierkreis, wie er in den Grímnismál überliefert ist, steht Freyja mit Óðr im Zeichen des Schützen.

Kapitel 11

Ostara

Die Bezeichnung „ásta guð" in Skáldskaparmál 28 ist etymologisch mit dem Namen Ostara identisch, lediglich um das End-R verkürzt. Auch die Lage bestimmter Kultstätten ist ein Indiz für die Identität von Freyja und Ostara. In der Vergangenheit wurde immer wieder bezweifelt, ob die Germanen je eine Göttin Ostara (altenglisch Eostrae) verehrt hätten, vielmehr sei Ostara eine Erfindung von Jacob Grimm und die Erwähnung bei Beda beruhe auf einem Irrtum von Beda. Der englische Chronist Beda Venerabilis schrieb nämlich in seinem Buch „De temporum Ratione" (Kap. 15) über die Monate der Angelsachsen:

»Eosturmonath, der jetzt mit Passahmonat übersetzt wird, hat den Namen von ihrer Göttin, die Eostrae genannt wurde, und welcher sie in ihm Feste feierten, gehabt, welchen Namen sie jetzt der Passahzeit beilegen, indem sie mit dem aus alten Brauche gewohnten Worte die Freuden der neuen Festlichkeit bezeichneten.«

Obwohl diese Quelle, die aus der Zeit um 730 stammt, völlig eindeutig ist, wird sie doch von einigen Forschern angezweifelt. Sie sehen Beda als einzigsten Beleg für diese Göttin und glauben, daß es sich um eine gelehrte Erfindung handelt, die ähnlichen Erfindungen in der „Etymologiae" Isidor von Sevillas entspräche. Beda habe einfach aus dem Monatsnamen eine Göttin abstrahiert; außerdem

113

sei von den sonst überlieferten Monatsnamen kein einziger von einem Götternamen hergenommen. Das letztere stimmt allerdings nicht, Beda nennt auch einen Hredmonath, der von der Göttin Hreda seinen Namen hat.

Die Annahme, daß ein christlicher Mönch wie Beda, dem an der Missionierung seines Landes gelegen war, dafür eigens eine heidnische Göttin erfunden haben sollte, die es in heidnischer Zeit nie gegeben hatte, ist allerdings recht unwahrscheinlich, zumal Beda ansonsten als verläßliche Quelle gilt.

Jakob Grimm hat nun von dieser angelsächsischen Bezeichnung durch Namensvergleichung den deutschen Namen „Ostara" hergeleitet, wobei er u. a. auch die entsprechenden altdeutschen Monatsnamen verwendete. Denn dem altenglischen Eosturmonath (April) entspricht zweifellos der altdeutsche Monatsname „ôstârmanoth" (April), der bereits in Einhards „Vita Karoli Magni" (zw. 770 – 840 entstanden) erscheint. Im Frankenreich war der 4. Monat des Jahres der „ôstarmânôt" (Ostermond). Diese Benennung der Monate geht auf Karl den Großen zurück.

Nun wurde von den Kritikern behauptet, daß der zeitliche Ursprung dieser Monatsbenennungen nicht bekannt sei und damit sei auch nicht klar, ob diese Namen vom Osterfest genommen, oder das Osterfest nach den Monatsnamen benannt wäre. Die Sprachwissenschaft hat festgestellt, daß zwar das altindische usrá, litauisch auzra, griechisch éos, lateinisch aurora „Morgenröte" urverwandt mit dem germanischen „austra-" sind, dieses aber auch einfach „Osten" bedeuten kann (altnordisch austr, altsächsisch, althochdeutsch ostar, „ostwärts"). So könnte der Monat einfach nach der Himmelsrichtung benannt sein, weil nach altkirchlichen Bestimmungen Ostern erst nach der Frühlingsgleiche gefeiert wurde, wenn die Sonne wieder zum genauen Ostpunkt zurückgekehrt war. Tatsächlich aber geht die Sonne nur zur Tag- und Nachtgleiche genau im Osten auf; wenn das christliche Ostern begangen wird (oft bis zu einem Monat später), geht die Sonne bereits im Nordosten auf.

Der sog. „Osta-Stein", eine angeblich im 16. Jh. gefundene Votivtafel, die heute nicht mehr erhalten ist, wurde früher als Beleg auch für den Namen „Osta(ra)" herangezogen. Neben einer hörnerhelmtragenden Figur mit Füllhorn und andern Symbolen finden wir eine Runeninschrift, die das Wort „osta" enthält. Die Echtheit der Votivtafel wird heute bezweifelt, das Original ist verloren und kann nicht mehr genau überprüft werden.

Wenn die Votivtafel doch echt sein sollte und gegen einen zu strengen Winter geopfert wurde, wäre das immerhin ein Hinweis auf Ostara als Frühlingsgöttin. Und genau in dieser Zuständigkeit wird Ostara im Jahre 1880 im „Karlsbader Wochenblatt" (Nr. 13, S. 27) in folgendem Zitat erwähnt:

»Stab aus, Stab aus! Stecht dem Winter die Augen aus. Als Vorfeier zu dem am Ostertage gefeierten Feste der Frühlingsgöttin Ostara, wo der Kampf zwischen Sommer und Winter stattfand, sang die Jugend diesen Spruch während desselben.«

Ostara beendet hier den Winter. Die Zweifler allerdings glauben, daß diese Erwähnung der Göttin bereits von Grimms Darstellung beeinflußt sei und daher nicht authentisch wäre. Sie übersehen dabei, daß die Göttin als „Ostra" bereits im „Werningerödischen Intelligenzblatt" (Nr. 19, S. 72) von 1797 erwähnt wird – lange vor J. Grimms Ausarbeitung:

»Unsere Nachbarn im Lande zünden nämlich am Abend des ersten christlichen Osterfeiertags, ohne Scheu und Nachdenken, wieder seit einigen Jahren von neuem der heidnischen Göttin Ostra Ehren Opfer- und Gedächtnisfeuer

vor ihren Dörfern und Anhöhen, wo dergleichen sind, an (...) Unsere Stadtein-
wohner (zum Ruhm sei's ihnen nachgesagt) handeln hierin vernünftiger. Sie
bleiben, wenn's auch weiter nichts ist, doch fest auf ihren Posten der Aufklä-
rung stehen. Wenigstens schämen sie sich noch bis jetzt dieses Rückschrittes ins
Heidenthum, dieser kleinlichen, abergläubigen Lustbarkeit. Sie verlachen den
Aberglauben unserer Vorfahren, welche durch diese, in spätern Zeiten mit dem
Namen Osterfeuer belegten Feuer-Opfer, von der Göttin Ostra die Vertilgung
des den Gewächsen schädlichen Geschmeißes zu erlangen hofften.«

In der Mushard-Handschrift von 1770 (Landesmuseum Olden-
burg) wird die Göttin auch erwähnt, 27 Jahre früher:

»Die Ostera oder Eostre, Ostar, soll der Teutschen Venus seyn, welche andere
vor dem Mond, einige vor der Morgenröthe oder den Morgenstern halten, soll
zum Osterfest den nahmen gegeben haben (…) An der anzündung des Osterfe-
stes Hangen Hiesige Einwohner zum Theil noch sehr halsstarrig vermeinende
dem felde, wiesen öhrtern, wohin das leuchte, wachse davon ein sonderlicher See-
gen zu. Sie hat in diesem Lande ihre lucos [= Haine] und aras [= Altäre]
gehabt, die noch Osterholtz und Osterberge genandt werden.«

Bislang von der Forschung ziemlich ignoriert ist der etwa 1000 Jahre alte Eostar-Hymnus, der im Kloster Corvey (Westphalen) erhalten ist. Nicolaus Hocker („Deutscher Volksglaube in Sang und
Klang", Göttingen 1853, S. 224) führt den Textanfang an, einige
Jahre vor dem Erscheinen der Mythologie Jakob Grimms (1868).
Es fällt die Ähnlichkeit zum angelsächsischen Erce-Spruch auf. Es
könnte sich also um eine Fälschung des 18. Jhs. handeln, die den
Erce-Spruch als Vorlage genommen hatte. Im Eostar-Spruch ist
der christliche Bezug (der „ewige Drost" = Gott) nicht vorhanden,
was sowohl für eine Fälschung spricht, wie auch gerade für hohes
Alter. Allerdings werden die „Heiligen" genannt, was ein heidnischer Fälscher sicher unterlassen hätte. Der Text lautet:

»Eostar, Eostar, eordhan modor,	(»Eostar, Eostar, Erdenmutter,
genne these acera veaxendra	Gönne diesem Acker
und wirdhendra eacniendra	zu wachsen und werden,
einiendra. fridha him!	blühen, Frucht bringen. Friede ihm!
that his yrdh si gefridhod	Daß die Erde gefriedet sei
and heo si geborgan	Und daß sie geborgen sei
as his halige,	wie die Heiligen,
the on heofdenum sind.«	die im Himmel sind.«)

Der ähnliche angelsächsische Erce-Spruch beginnt so (F. Grendon, The Anglo-Saxon Charms, S. 174):

»Erce, Erce, Erce, eorþan módor	(„Erce, Erce, Erce, Erdenmutter,
geunne þé sé alwalda, éce drihten	Gönne dir der allwaltende ewige Drost
acera wexendra and wrídendra,	Äcker wachsend und aufsprießend,
æcniendra and elniendra …	voll schwellend und treibend …
Geunn him éce drihten	Gönne ihm der ewige Drost
and his hálige,	und seine Heiligen,
þe on heofdenum synt,	die im Himmel sind,
þæt hys yrþ sí gefriþod	daß diese Erde gefriedet sei
wið ealra féonda gewæne,	wider alle Feindesgefahren
and héo sí geborgen	und sie sei geborgen
wið ealra bealwa gehwylc …«	wider alles böse Gevolk…“)

Ich halte daher den Spruch auch wegen seiner frühen Erwähnung (1853) für echt. Beide Sprüche können miteinander verwandt sein, und der ähnlichklingende Name Eostar steht an Stelle von Erce. Erce ist Frau Harke, die Erde, während Eostar als Frühlingsgöttin zwar die Frühlingserde bedeutet, aber wohl noch eher die Morgenröte bzw. den Frühlingsvollmond.

Westfalen scheint eine Region gewesen zu sein, wo die Göttin Eostre/ Ostara auch noch lange später verehrt wurde. Über ein

Jahrhundert vor Jacob Grimm schrieb ein Pastor Pustkuchen in seiner Ortschronik von 1762, daß an den Externsteinen das Volk viel Unfug mit dem Dienst der heidnischen Göttin Ostara triebe. In einer Chronik von 1750 und einigen anderen frühen Erwähnungen werden die Externsteine sogar „Eostrae Rupes" (Ostaras Felsen) genannt. Auch das sind eindeutige und unbestreitbare Überlieferungen, wenn auch nicht aus der ältesten Zeit.

Neben diesen Überlieferungen gibt es zahllose Orts- und Flurnamen, die den Bestandteil „Oster-" enthalten. Bekannte Beispiele sind z. B. Osterland (Land zwischen Saale und Mulde), Osterwald (Gebirgskette zwischen der Leine und der Hamel), Osterode im Harz, Osterrode in Ostpreußen, Osterholz bei Stade, Osterholz an der Hamme und Osterholz in Westfalen-Lippe, Oster-Bau bei Flensburg, Osterburg und Osterwieck bei Magdeburg, Osterhofen (Bayern), Osterrönfeld, Osterburken (Württemberg), Osterfeld bei Merseburg, Schloß Osterstein bei Gera, Oesch (auch Austerthal geschrieben) in der Mülheimer Markung, Osterne, Osteroda und Ostrow in Brandenburg, Oster-Ems, Osterhagen, Osterstade. Nach W. Fricke („Das mittelalterl. Westfalen ...", Minden 1890) geht auch der Name eines Steinblocks in Westfalen „im Oestern" möglicherweise auf Ostara zurück, was aber heute bestritten wird. Die Kritiker meinen, derartige Namen würden sich lediglich auf die Himmelsrichtung beziehen und nichts mit einer Göttin zu tun haben. Das mag bei einzelnen der angeführten Namen zutreffen, aber sicher nicht bei allen.

In Einzelfällen kann kultische Bedeutung belegt werden. So findet sich in Berlin Lübars (eine Liuba/ Freyja-Kultstätte, wo es z. B. den Höhenzug „Osrücken" und Urnenfunde gibt) eine Osterquelle. Sie liegt zwar tatsächlich östlich des Dorfes Lübars, doch trägt sie in dieser evangelischen Gegend auch den Namen „Marienquelle";

Abb. 18: Matronensteine der Austriahenae von Morken-Harff.

dieser Name beweist, daß die Quelle eine kultische Quelle war und ihr ursprünglicher Name daher nicht lediglich die Himmelsrichtung bezeichnet. In Lübben gibt es einen Liuba-Hain, der also auch der Liebesgöttin geweiht ist, ein altes Heiligtum. Westlich davon gibt es einen Ostergrund, nördlich desselben einen Frauenberg. Eindeutig stehen der Liuba-Hain, der Ostergrund und der Frauenberg (Frova = Freyja) in einem kultischen Zusammenhange.

Die etwa 150 aus dem Jahr um 200 stammenden Weihesteine einer Matronae Austriahenae in der Umgebung der niederrheinischen Ortschaft Morken-Harff, sowie sieben römerzeitliche Weihinschriften mit den Matronennamen Authrinehae, Auðrinehae, Audrinehar und Autriahenae wurden auf Austro (Eostar, Ostara) gedeutet, aber auch auf den Stamm der Austriates („die im Osten wohnenden") bezogen, was aber keinen wirklichen Sinn macht (Abb. 18).

Ostara kommt in den Eddas nur in der erwähnten Stelle in den Sksk. 28 als „ásta-guð" vor. Tatsache ist, daß darüber hinaus Ostara jedenfalls nicht in den Eddas oder den nordischen Sagas erwähnt wird. Umgekehrt wird Freyja im Süden nicht genannt; allerdings kann man auf Freyja alle Namen mit „Frauen" beziehen, da Freyja bei uns „Frowa" („Frau") genannt wurde. Leider kann man aber die entsprechenden Orts- und Pflanzennamen auch auf Frigg („Frau Holle") oder auch auf Maria oder Ordensfrauen beziehen. Aber den Osterabrunnen im Vorwerk Einbecke bei Guben, der schon 1560 bezeugt ist, kann man wohl kaum abtun, zumal nach der Sage dort auch eine Nixe wohnt. Und im brandenburgischen Jüterbog gab es einen Tempel der Morgenröte, nach Osten ausgerichtet. Diakonus Hannemann schrieb darüber 1607:

»Von einer solchen heidnischen Entstehung der Stadt hat auch Anzeigung gegeben das uralte Templein, welches ungefähr nun vor vierzig und etlichen Jah-

ren ist eingerissen worden, darinnen der heidnische Götzendienst der wendischen Morgengöttin soll sein geleistet worden.«

Die entsprechenden Gottheiten Aurora bei den Römern (aurum, „Gold"), Eos und Astraea bei den Griechen, Aušrine bei den Litauern, Auskelis bei den Letten und Ushas bei Indern (Rigveda) beweisen, daß auch die Germanen eine derartige Göttin gekannt haben müssen. Alle diese Namen gehen auch eine gemeinsame Wurzel „*au.es" bzw. „*aus" („scheinen, leuchten, strahlen, hell werden") zurück. Diese gemeinsame Wurzel deuten Kritiker jedoch nicht auf eine Göttin, sondern einfach auf die Himmelsrichtung. Eine Personifizierung soll danach erst nach der Bedeutung als Himmelsrichtung entstanden sein. Folgt man dieser Kritik, dann müßte die Personifizierung bereits vor mehr als 4000 Jahren (Rigveda) erfolgt sein und wurde dann in die indogermanischen Teilvölker übernommen, wie die entsprechenden Namen ja beweisen. Auch wenn man also dieser Kritik folgt, gab es zur Zeit der Germanen bereits eine entsprechende Göttin, und alle Flur- und Ortsnamen, die aus germanischer Zeit stammen, müssen dann zuerst auf die Göttin, nicht die Himmelsrichtung bezogen werden. Wenn wir dann auch noch die babylonisch-semitischen Bezeichnungen Ishtar und Astarte („Stern, Venus") mit auf diese Göttin beziehen können, dann läßt sich die entsprechende Göttin bei den Germanen nicht mehr abstreiten.

Die indische Ushas gilt als Himmelstochter *diu̯ós dhugh tēr[r] ganz ähnlich wie Aphrodite Diós thygátēr („Zeustochter") genannt wird. Beide teilen zudem das holde Lächeln (philommeidḗs) und freundliche Auftreten. Die im Osten Griechenlands aus dem Meere auftauchende Aphrodite ähnelt dann auch der allmorgendlich im Osten aus dem Okeanos aufgehenden Morgenröte, Eos, Aurora, oder Ushas. Es liegt also nahe, daß die getrennten Vorstellungen einer Liebesgöttin und einer Göttin der Morgenröte in der ältesten Zeit noch nicht bestanden, daß es nur eine Göttin war mit beiden Eigenschaften. Diese ursprüngliche Vorstellung ist nun bei uns mit Freyja = Ostara noch vorhanden. „Ostara" ist ein Beiname der Freyja speziell der Freyja des Osterfestes, wie etwa „Jólnir" ein Beiname Óðins als Gott des Julfestes ist.

Der Hase ist in vielen Kulturen ein Symbol des Mondes. Da die Mondflecken im Frühjahr wie ein Hase mit Ei gesehen werden können, ist die Verbindung „Hase – Mond – Mondgöttin (Freyja) – Ostara" naheliegend. Übrigens können die Mondflecken nur im Frühjahr als Hase gesehen werden, in anderen Jahreszeiten ist die Mondscheibe gedreht und bietet andere Mondbilder (Abb. 19).

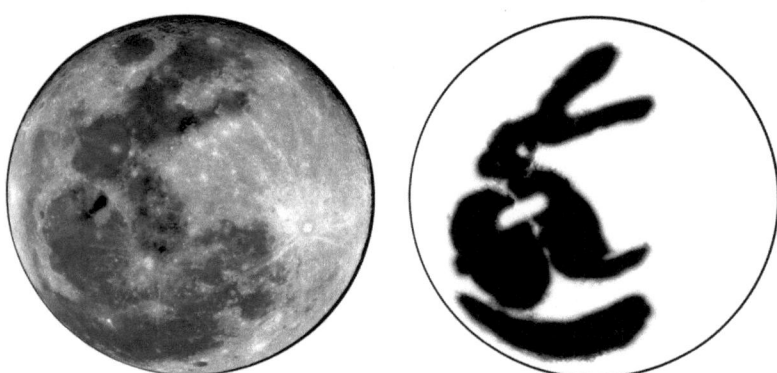

Abb. 19: Die Mondflecken im Frühjahr zeigen einen Hasen mit Ei im Nest.

Ostara entspricht also der Freyja, aber in dem Namen Ostara wird besonders Ihr Aspekt als Frühlingsgöttin, Mondgöttin, Fruchtbarkeitsgöttin und Morgenröte angesprochen. Der Bezug zum Monde ist durch den März- und Mondhasen gegeben, der Bezug der Frühlingsgöttin durch Ostara als Wintervertreiberin (Bericht von 1880); als Morgenröte erweist sie nur der indogermanische Vergleich, als

Frühlingserde wurde Sie in dem zitierten Eostar-Segen angerufen. Ostara ist also der in unserer Region bekannteste Name der Göttin Freyja. Daß der Bezug zur Liebesgöttin von einigen Interpreten immer noch geleugnet wird, liegt daran, daß es den Kirchen schwerfällt, daß ihr wichtigstes Kirchenfest, das Fest der Auferstehung Jesu, bis heute den Namen einer beliebten heidnischen Göttin trägt. Deswegen werden auch die Osterbräuche (Hase, Eier usw.) anders erklärt.

Seit Mitte des 19. Jhs. wurde ein angeblich aus dem 9. Jh. stammendes althochdeutsches Gedicht „Schlummerliedchen" verbreitet, wo Ostara als eine vollkommen in weiß gekleidete junge Frau erscheint, die über die Lande schwebt und überall unter ihren Füßen wachsen Blumen. Dieses Gedicht ist allerdings als eine Fälschung von G. Zappert entlarvt worden, hat aber die Vorstellung von Ostara und die Bilder von Ihr stark beeinflußt.

Kapitel 12

Liuba

In der Jüngeren Edda, Gylfaginning 35 werden die Göttinnen aufgezählt. Freyja wird als sechste Göttin genannt, dann folgen verschiedene Göttinnen, über die wir nur wenig wissen:

*»Die siebente heißt Sjöfn; sie achtet sehr darauf, daß die Sinne der Menschen,
der Frauen und der Männer, in Liebe fallen. Nach ihrem Namen wird die
Liebeszuneigung Liebe [sjafni] genannt.*
*Die achte ist Lofn. Sie ist den Anrufenden so mild und gut, weil sie von
Alfǫður und Frigg die Erlaubnis erhielt, die Ehen der Menschen, von Frauen
und Männern, zu stiften, was auch sonst für Hindernis entsteht oder Schwie-
rigkeit erscheint. Darum ist nach ihrem Namen die Erlaubnis [lof] benannt,
und so kommt es, daß sie von den Menschen sehr gelobt [lofað] wird.«*

Sjöfn bedeutet „Sinn" oder „Verwandter" (sefi) und kommt bei
den Skálden selten vor. Da Sie für die Liebe zuständig ist, ist hier
an eine Dienerin der Freyja zu denken, zumal in der Schilderung
auch Dienerinnen von Frigg aufgezählt werden (wie Hlín, Gná).

Bei Lofn sind die Begriffe „Erlaubnis" und „Lob" auf den Namen
dieser Ásin bezogen. Das „F" in „Lofn" kann aus älterem „B" gekommen sein (wie bei „Alfen" und „Alben"), das „O" aus älterem
„U" (wie Þórr aus runischem Þur), dann würde der Name „Lubn"
lauten und dem Namen „Luba" entsprechen, der Verkürzung von

„Liuba". Lofn ist in der Edda eindeutig Liebesgöttin, Liuba aber ist ein Name der Liebesgöttin aus der Spreewald-Gegend. Forscher übersetzen den Namen Lofn, der auch in den Þulur und in Skáldenstrophen als Name vorkommt, mit „die Tröstliche, Milde".

Dieser Name wird als Vorname heute im Osten vielfach verwendet, und zwar in den Formen „Lioba, Líoba, Leoba, Ljuba, Lijuba". Er bedeutet „die Liebe" oder „die Liebende" und hat seinen Ursprung in der gotischen Sprache. In der Variante „Liepe" (eigentlich: „Liebe", ein typischer P-B-Wechsel) bezieht sich der Name bei den Wenden auch auf den Baum der „Linde". Das ist aber wohl sekundäre Deutung; der Liebesgöttin ist die Linde geweiht, daher kann ihr Name auch synonym für „Linde" stehen. In Berlin liegt die Insel „Lindwerder" (die auch „Liebesinsel" heißt) neben der „Lieper Bucht". Vermutlich lag ein Heiligtum der Liebesgöttin geschützt auf der Insel. Auf der Insel Pichelswerder gibt es eine Schlucht, die „Liebesgrund" heißt, sowie „Teufels-" oder „Hexenschlucht". Auch hier befand sich ein Heiligtum der Liebesgöttin (der angrenzende, heute abgetragene Berg heißt „Prinzessinnenberg"). Leipzig ist gleichfalls nach der Göttin benannt.

Auch auf Runenfundstücken kommt der Name „Liuba" (bzw. seine Vorformen) in der Bedeutung „Liebe" vor, z. B. auf dem Schnallenrahmen von Weimar, Thüringen, erste Hälfte des 6. Jhs.:

»ida: bigina: hahwar: awimund:isd: leob idun:«
(„Ida, Bigina, Hahwar, Awimund, Isdag. Leob-Idunn").

Auf einer Fibel von Weimar, erste Hälfte des 6. Jhs. findet sich auf der Rückseite die Inschrift:

»haribrig liub leob hiba«
(„Haribrig. Hiba und Liubi [wünschen] Liebes").

Auf der Fibel von Engers bei Koblenz steht nur:

»leub« *(„Liebe").*

Weitere Inschriften mit diesem Wort: Büchse von Schretzheim, Bayern, Anf. des 7. Jhs., Holzstab von Neudingen, Donaueschingen, 6. Jh. Schon auf dem Stein von Skärkind, Schweden gegen 450 findet sich der Name

»skitha leubaz«

Man kann auf den meisten Runeninschriften, wo sich das Wort findet, dieses als Eigenname der Göttin oder in der Bedeutung „Liebe" übersetzen; wahrscheinlich gehen Name und Bedeutung zusammen. Gemeint ist die Liebe und personifizierte Liebe, also die Liebesgöttin.

Auf dem vermeintlich runenlosen Goldhorn von Gallehus (Nordschleswig, um 500) konnte man in den kleinen Figuren Runen erkennen, und es fand sich der Runenspruch:

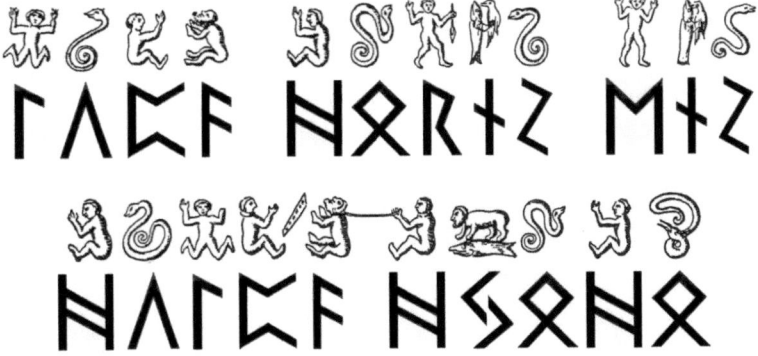

»lupa horns ens hulpa hjoho«   *(„Lupas Horn uns Heil bringe")*

127

Wenn die Deutung stimmt, wäre das eine eindeutige Erwähnung der Göttin unter dem Namen Lupa. Das U in „hulpa" wird auch als ë (*eiwaz) übertragen. Schwachstelle dieser Entschlüsselung sind die Schlangen, die einmal ein U, dann aber auch O und S bedeuten können.

Einzigste Quelle über die Göttin Liuba ist eine Sage aus Lübben im Spreewald, wo sich ein Heiligtum der Göttin befunden hatte und wo heute der sogenannte „Liuba-Stein" (siehe Abb. 20) steht:

»Einst huldigte der Stamm der Wenden mit Gebet und Opfer der Liebesgöttin Liuba unter der ihr geweihten Eiche. Eine junge und schöne Wendenprinzessin soll sich der Sage nach einst an die Göttin gewandt haben. Der Liebste der Prinzessin war in den Kampf gezogen. Als ihr in der Nacht des Abschieds im Traum eine weiße Frauengestalt mit wallendem Haar, die Wehklage, erschien, deutete sie dies als ein Vorzeichen des baldigen Todes ihres Geliebten. Sie flehte daher die Göttin Liuba, die Beschützerin aller Liebenden am Fuße der Eiche an, sie bald wieder mit ihrem Verlobten zu vereinen und opferte ihr für den in den Krieg Gezogenen ihr wertvollstes Diadem sowie eine Halskette, die ihr der junge Fürst geschenkt hatte.
Auf dem Weg nach Hause versank die Prinzessin samt ihrer goldenen Kutsche und ihrem Gefolge im grundlosen Morast, den es damals vielerorts im Spreewald gab. Auf dem weit entfernten Schlachtfeld wurde ihr Liebster zur selben Stunde von einem vergifteten Pfeil ins Herz getroffen. So hatte die Göttin Liuba die Liebenden wieder vereint.
Der Weg im Liuba-Hain, wo die Wendenprinzessin mit ihrem Wagen versunken ist, wurde nach diesem Geschehnis „Prinzessinnenweg" genannt.«

Der Ort der Kultstätte im Lübbener Hain wird als „Lubans-Grube" oder „Lubans-Keite" bezeichnet. Lübben hieß früher auch „Lubin" (1150) oder „Lubben" (1442). Im Jahre 1854 hatte die Stadt Lübben zur Erinnerung an die Kultstelle dort den Stein mit der Inschrift „LiUBA" aufstellen lassen. Hier stand auch die „Lubans-Eiche". Auf Anordnung des Lübbener Magistrats wurde 1907 der „Liuba-Stein" entfernt und an seinen heutigen Platz gebracht, wo er nach einer Restauration im Jahre 2000 wieder in neuem Glanze erstrahlt (Abb. 20). Ganz in der Nähe befindet sich ein Hügel, welcher „Frauenberg" heißt, sowie ein Tal, welches den Namen „Ostergrund" trägt.

Und damit sind wir schon bei Ortsnamen, die vermutlich auch nach dieser Göttin gebildet sind. So z. B. „Berlin-Lübars", „Lubars" (1247) = Lubas Ort; hier befindet sich östlich des Dorfes eine „Osterquelle", die auch „Marienquelle" genannt wird, südlich des Dorfes gibt es den Mühlenteich mit Urnenfunden, und vom Dorf nach Westen dehnt sich der Höhenzug „Osrücken" („Ásenrücken", benannt nach der germanischen Götterfamilie) aus. Wie beim „Liuba-Hain" in Lübben erscheint der Name der Göttin im Zusammenhang mit Namen, die auf „Ostern", „Ostera" gebildet sind.

Weitere Orte sind „Lübbenau", „Lubbenowe" (1301), die „Lübbensteine" bei Hannover, ein Großsteingrab, oder „Lübnitz", „Lubenitz" (1314) bei Bad Belzig im Hohen Fläming. Dort findet sich auch der Flurname „Heidenkirchhof".
Ferner weisen die folgenden Orte auf die Göttin Liuba hin: „Groß Lübbenau", „Grosin Lobin" (1373), „Gros-Lubenaw" (1570), „Lübbenow", „Lubbenow" (1301), „Lybenow" (1375), „Lübbinchen", „Lubink", „Groß-" und „Klein-Lüben", „Luben" (1339), „Hohenlobbese", „Lobbesen" (1461), und „Lobendorf", „Lobindorff" (1450). Die Forscher übersetzen derartige Namen meist mit „Ort, wo Leute eines Mannes namens Luben wohnen" und verstehen nicht, daß es sich um einen Göttinnennamen handelt, den natürlich kein Mensch tragen durfte.

Abb. 20: Der Liuba-Stein in Lübben. Photo: Reijk Zwintzscher.

Natürlich entspricht die Liebesgöttin Liuba der nordischen Göttin Freyja. Die räumliche Nähe der Liuba-Kultstätten zu Orten, die mit Freyja bzw. Freyjas Beinamen Ostara im Zusammenhang stehen, ist ein Indiz dafür. Davon abgeleitete Orts- und Flurnamen gibt es zahlreich.

Es scheint so, daß die Göttin unter dem Namen „Liuba" (Lioba) so beliebt war, daß die Kirche eine eigene Ersatzheilige eingeführt hatte, um diesen heidnischen Kult zu ersetzen. Es handelt sich um die heilige „Lioba von Tauberbischofsheim" (Abb. 21) (Heiligentag: 28. 9.). Zwar hat es diese Heilige wohl tatsächlich gegeben, jedoch ist fraglich, ob sie wirklich schon „Lioba" hieß oder anders. In den Geschichten wird sie nämlich auch „Leobgyta" und „Truthgeba" („Kraftgeberin") genannt. Jedenfalls trägt sie den Namen der Liebesgöttin und gilt als eine Heilige, die die Liebe (nun freilich die Liebe Gottes) verkörpert bzw. in diesem Sinne angerufen wird.

Lioba (Leobgyta) wurde um 700/710 in Wessex, England, als Tochter der Adeligen Dynne und Aebbe geboren. Sie starb um 782 in Schornsheim. Sie war Missionarin und Benediktinerin und wurde im Kloster der Benediktinerinnen von Wimborne (Grafschaft Dorset) erzogen. Sie lebte dann als Nonne in Klöstern von Kent und Wessex. Diese Klöster unterstützten den Heiligen Bonifatius, mit dem Lioba verwandt war, bei seiner Missionsarbeit im Fränkischen Reich. Ihr Biograph schrieb:

»Sie war von engelgleichem Angesicht, sanft in ihrer Rede, von klarem Verstande und großer Umsicht (...) unbegrenzt in ihrer Liebe. Sie war immer heiteren und fröhlichen Sinnes.«

732/735 folgte Lioba Bonifatius ins Frankenreich. Bonifatius machte sie zur Äbtissin des Klosters Tauberbischofsheim.

Abb. 21: Die heilige Lioba von Tauberbischofsheim.

Sie missionierte durch die theologische Unterrichtung junger Mädchen. Lioba starb auf dem ihr zugewiesenen Königsgut Schornsheim. Sie wurde zunächst im Ostchor der Stiftskirche im Kloster Fulda beigesetzt, von wo sie wegen des von Abt Eigil von Fulda 818 veranlassten nachträglichen Einbaus der Ostkrypta in die Ratgar-Basilika verlegt werden mußte. Damit begann die offizielle kultische Verehrung. 836 wurde sie in die Kirche St. Peter auf dem Petersberg überführt. Um 838 schrieb Rudolf von Fulda die „Vita Leobae" (Lebensbeschreibung der Lioba).

Dargestellt wird sie als Benediktineräbtissin, die in der einen Hand den Stab und in der anderen ein Buch mit einer Glocke darauf hält. Einst wendete sie durch Gebet (u. a. zu Maria) ein schlimmes Gewitter ab, rettete das Kloster Bischofsheim an der Tauber vor einer Feuersbrunst und bewirkte durch Gebet, daß der Himmel die Mutter eines neugeborenen ertränkten Kindes offenbarte.

Am Grab der hl. Lioba geschahen viele Wunder, zwei von ihnen hat ihr Biograph Rudolfus, welcher selbst Augenzeuge dieser Wunder gewesen sein will, aufgezeichnet. Ein Mann, dessen Arm von einem eisernen Ring so fest umschlossen war, daß das Fleisch darüber wuchs, wurde nachdem er am Grabe der hl. Lioba gebetet hatte, von diesem Ring dadurch befreit, das er von selbst abfiel. Von einem Spanier berichtet derselbe Biograph: Dieser wurde von einem beständigen Schütteln und Zittern an allen Gliedern geplagt und hatte überall vergeblich Hilfe gesucht. Am Grabe der hl. Lioba wurde er von seiner Plage geheilt. Derartige Krankheiten (z. B. Schüttellähmung) heilt der Donnergott, es ist möglich, daß man Lioba eine besondere Verbindung zum Donnergott unterstellt hatte, die auch in der Hyndluljóð der Edda von Freyja angedeutet wird. Unsere Vorfahren haben ein besonderes Verhältnis von diesen beiden Gottheiten angenommen und gingen davon aus, daß

Þórr der Freyja keine Bitte abschlagen würde. Vermutlich hängt das damit zusammen, daß beide Gottheiten gemeinsam auf dem Frühlingsfest Ostern (Várblót) angerufen wurden, daß also beide Götter in derselben Jahreszeit zusammen wirken.

Lioba/ Liuba ist eine der wenigen Heiligen, deren Name identisch ist mit dem Namen der heidnischen Göttin. In „Lübben" ist Sie die „Liebesgöttin des Spreewaldes", im Westen Deutschlands ist Sie eine christliche Heilige, zu der man noch heute betet und zu deren Grab man pilgert, wenn man Hilfe braucht.

„Liuba" kommt vom germ. Leob („Liebe") und ist eindeutig nicht slawisch; die Ersatzheilige „Lioba" hatte ihr Wirkungsgebiet nicht einmal in einer von Wenden besiedelten Region. Somit liegt bei „Liuba" ein echter wandalisch-wendischer Beiname der Göttin Freyja vor.

In einem Heiligtum am Plöner See wurde die Göttin der Morgenröte, die mit der Göttin der Liebe identisch ist, unter dem Namen „Podaga" verehrt. Der Name ist skandinavisch: på-dag („vor dem Tage"). Somit haben hier einen weiteren germanischen Götterbeinamen der Morgenröte (Freyja-Ostara-Liuba), die sich ja „vor dem Tag" am Himmel zeigt.

Kapitel 13

Weitere überlieferungen

In den Eddas kommt Freyja nicht sehr oft vor, und in noch weniger Versen ist direkte Rede von Ihr überliefert; außer den Strophen, die ich in diesem Buche schon zitiert hatte, gibt es nur noch ein Eddalied, in dem Sie die Hauptperson ist und wo Sie auch selbst spricht. Es handelt sich um die Hyndluljóð, in welchen Sie für Ihren Schützling Óttar ins Riesenreich geht, die Riesin Hyndla weckt und nach den Ahnen Óttars befragt, da dieser eine Wette mit Angantýr darüber eingegangen war, wer die berühmteren Ahnen hat.

In Strophe 2 und 3 ist zudem eine alte Hymne an Óðinn enthalten, die Freyja spricht. Auch kommt Ihr Hildisvín vor (Str. 7). Hinter dem Menschen und Freyja-Verehrer Óttar steht im mythischen Sinne Freyjas Ehemann Óðr. Die langen Aufzählungen der Ahnenreihen (14 – 44) muß ich hier aber kürzen, dazu reicht der Raum nicht, und sie sind für unsere Darstellung der Freyja-Mythen auch nicht wichtig. Das ganze Lied findet sich in meiner Ausgabe „Götterlieder der Edda – Altnordisch und deutsch" (2017):

»Hier hebt an Hyndlas Lied, erzählt über Óttar den Heimzögling.

1. „Wache, Maid der Maide, meine Freundin, erwache!
Hyndla, Schwester, Höhlenbewohnerin.

Nun ist die Dunkelheit der Dunkelheit; reiten müssen wir
Nach Valhall, und zu heiligen Wegen.

2. Bitten Herjafǫðr in unsren Gedanken zu sitzen:
Er gönnt und gibt das Gold den Werten.
Er gab Hermóðr Helm und Brünne,
Und ließ Siegmund ein Schwert empfangen.

3. Gibt Sieg den einen, gibt andern Gold,
Worte manchem und Witz den Geborenen,
Fahrwind den Schiffern, Dichtkunst den Skálden,
Er gibt Mannheit manchem Recken.

4. Dem Þórr wird sie opfern, das wird sie erflehen,
Daß er immer sich gegen dich günstig erweise,
Obwohl er unfreundlich ist wider Jotunbräute.

5. Nun nimm einen deiner Wölfe aus dem Stall,
Und laß ihn rennen mit meinem Eber."
„Dein Goltr ist träg' den Götterweg zu treten;
Ich will mein Roß, das rasche, nicht beladen.

6. Tückisch bist du, Freyja, daß du mich versuchst
Und also die Augen wendest zu uns.
Hast du den Geliebten doch auf dem Valweg,
Óttar den jungen, Innsteins Sohn."

7. „Du irrst dich, Hyndla, träumt dir vielleicht?
Daß du sagst, mein Geliebter sei auf dem Valweg
Wo mein Goltr glänzt, Gullinbursti,
Hildisvín, den herrlich schufen
Die beiden Zwerge Dáinn und Nabbi.

8. Streiten sollten wir im Sattel sitzend
Und von den Geschlechtern der Fürsten sprechen,
Den Männern, die Göttern entstammten.

9. Darüber wetteten um welsches Metall
Óttar der junge und Angantýr.
Wir helfen billig, daß dem jungen Helden
Sein Vatererbe werde nach seinen Verwandten:

10. Einen Harug hat er mir aus Steinen errichtet,
Nun sind die Steine zu Glas geworden,
Er rötete sie mit neuem Rinderblut.
Immer glaubte Óttar an die Ásinnen.

11. Nun laß die früheren Verwandten aufzählen
Und vortragen die Geschlechter der Menschen.
Welche sind Skjöldunge? Welche sind Skilfinge?
Welche sind Ödlinge? Welche sind Ylfinge
Wer stammt von Hölden? Wer stammt von Hersen
Wer ist die beste Männerwahl hinter Miðgarðr?"

12. „Óttar, du bist von Innsteinn gezeugt,
Und Innsteinn entstammte Álfr dem Alten.
Álfr von Úlfr, Úlfr Sæfari,
Aber Sæfari von Svan dem Roten.

13. Eine Mutter hatte dein Vater, halsbandgeschmückt,
Ich glaube, sie hieß Hlédís Gyðja.
Fróði war ihr Vater, Friaut ihre Mutter.
All dies Geschlecht war übermenschlich."

45. „Reiche Minne-Äl meinem Eber,
Daß er alle Worte erzählen kann
Dieser Reden, am dritten Morgen,
Wenn er und Angantýr die Geschlechter aufzählen."

46. „Nun wende dich von hier, zu schlafen begehr' ich:
Wenig bekommst du noch Liebes von mir.
Springe du, Edel-Freundin aus in die Nacht
Wie zwischen Böcken die Heiðrún rennt.

47. Du liefst dem Óðr nach immer sehnsüchtig,
Mancher schon schlüpfte dir unter die Schürze.
Springe du, Edel-Freundin aus in die Nacht."

48. „Ich schlage Feuer um die Iviðja
So daß du schwerlich entrinnst von hier.'"
„Springe du, Edel-Freundin aus in die Nacht
Wie zwischen Böcken die Heiðrún rennt.

49. Flammen seh ich brennen, die Hauðr lohen,
Die Meisten müssen Lebenslösung dulden.
Reiche dem Óttar das Bier mit der Hand,
Mit Gift gemischt zum Unheil!"

50. „Dein Wortheil soll nichts bewirken
Obgleich du, Jotun-Braut, Böses verheißt;
Er soll trinken teuren Trank:
Dir erbitt' ich, Óttar, aller Götter Hilfe."

Erklärungen: Herjafǫðr = Óðinn; Hermóðr = ein Sohn Óðins; Jo-
ten = Riesen; Harug = Altar; Miðgarðr = die Menschenwelt; Iviðja
= Waldriesin; Heiðrún = die Götterziege; Hauðr = die Erde.

Abb. 22: Die Göttin Ashera mit Ährenbüscheln zwischen zwei Ziegen.

Die Riesin beschimpft Freyja in diesem Liede, daß Sie wie eine Ziege zwischen Ziegenböcken rennen soll. Damit ist ein uralter Mythos der Liebesgöttin mit den Ziegen als Attribut angedeutet, den wir bis zur syro-phönicischen Göttin Ashera verfolgen können (siehe Abb. 22). Einen ausführlichen Kommentar zu diesem Liede findet man in meinem „Kommentar zu den Götterliedern der Edda Teil 3, die Vanenlieder" (2014).

In den altnordischen Breta Sögur finden wir eine Erwähnung der Göttin Freyja im Zusammenhang mit der Lenkung der menschlichen Geschicke und den Wochentagsnamen:

»Sie [Heingest und Horsus] behaupteten, Merkur habe sie hierher gewiesen. Der König fragte, was Merkur sei. Heingest antwortete: „Manche nennen ihn Óðinn, und unsere Vorfahren haben an ihn ebenso geglaubt, wie an Þórr und Týr, Frigg und Freyja. Wir glauben, daß sie die Welt und die Geschicke der Menschen lenken. Man beschloß, mein König, ihnen Wochentage zu widmen,

damit sie sich um so mehr verpflichtet fühlen sollten, gleichermaßen für die Menschen und den Jahresablauf Sorge zu tragen. Deshalb verlieh man auch die Namen Óðinstag, Týstag und Freyjutag".«

In der gleichen Saga finden wir auch den Bericht, wie Freyja im Traume erscheint:

»Die Königin erweist ihm größere Ehren als jedem anderen und schenkt ihm ihre ganze Zuneigung, denn sie schätzt ihn mehr als alle andern Männer; es kommt so weit, daß er sie heiratet. Er ist mit seiner Partie sehr zufrieden und bleibt einige Jahre lang dort. Eines Tages träumte Eneas, daß Freyja zu ihm kommt und sagt: „Begib dich nach Italien und laß dir dort die große Ehre zuteil werden, die dir die Götter zugedacht haben". Daraufhin rüstete er seine Schiffe im verborgenen, denn er wußte, daß er nicht abreisen könnte, wenn die Königin es bemerkte, und brach heimlich auf.«

In der Trójumanna Saga geht es um Alexander den Großen. Dieser war ein großer Venus-Verehrer, und in der Saga heißt es:

»Die Heiden aber glaubten, daß Freyja Alexander entführt und ihn zu Elena in die Stadt gebracht habe.«

Die Vorstellung, daß Gottheiten auch persönlich eingreifen, war also damals noch weit verbreitet.

In einer Abschwörungsformel von Hallfrøðr stehen Freyr, Freyja und Njǫrðr an erster Stelle. Hallfrøðr lädt die Feindschaft der Götter im Vertrauen auf Christus auf sich.

Im Jahre 999 beleidigte der christliche Isländer Hjalti Skeggjason die Göttin Freyja mit diesem Vers, der Sie mit einer Hündin verglich (und Ihr damit die Geilheit einer Hündin unterstellte):

»Ich mag keine bellenden Götter,
Hündin dünkt mich F...«

Dafür wurde er aber geächtet, so eine Götterbeleidigung ließ man sich damals nicht bieten.

Übrigens gibt es in Berlin Rummelsburg eine „Liebesinsel" und die Sage, daß eine Prinzessin Rummelie zuweilen auf einem Krebs sitzend aus dem Wasser entsteigt und an Land tanzt. Hier ist der Mythos von Freyja in einer einfachen Form erhalten. Ich habe diese Sagen in meinem Buch „Kultstätten in Berlin" (2017), behandelt.

Hier am Ende möchte ich auch noch drei kurze Hymnen, die zu den Homerischen Hymnen gehören, folgen lassen. Sie richten sich an Aphrodite, aber Aphrodite ist nur ein anderer Name für die Liebesgöttin. Die erste Hymne beschreibt den Empfang der gerade aus dem Meere entstiegenen Aphrodite:

»Singen will ich von Aphrodite, der Züchtigen, Schönen,
golden Bekränzten. Das meerumflossene Kypros ward ganz ihr,
samt seinen Zinnen, verliehn. In schmiegsamen Schäumen entführt sie
Zephirs, des feuchten Brausers, Kraft auf der Woge des immer
rauschenden Meeres. Da nahmen die Horen mit goldenem Stirnreif
grüßend sie auf und hüllten sie ein in unsterbliche Kleider,
krönten ihr dann mit dem goldnen, herrlichen, trefflich gewundnen
Kranz das unsterbliche Haupt. Ins Löchlein am Läppchen der Ohren
steckten sie Blumen aus kostbarem Gold und aus Messing, behingen
dann noch den zarten Hals und die schimmernden Brüste mit goldnen
Ketten, womit die Horen selber sich schmücken, so oft sie
goldene Reifen im Haar, zum lieblichen Reigen der Götter
und zum Hause des Vaters gehen. Als alles getan war,
führten sie Aphrodite im vollen Glanz ihres Schmuckes

jetzt den Unsterblichen zu. Die riefen „Willkommen!" beim Anblick,
reichten die Rechte ihr hin und jeder fühlte Verlangen,
daß sie Gattin ihm werde und heim er sie führe. So weckte
Staunen und Wundern der veilchenbekränzten Kythera Erscheinung.
Heil Dir, Du Augenschöne, Du Liebliche! Laß mich im Wettkampf
hier den Sieg erringen, gib Segen meinem Gesange.
Ich aber werde Deiner und andrer Gesänge gedenken.«

Die nächste Hymne ist eine Bitte Homers um sehnsuchtsvolle
Dichtungen, d. h. um die Fähigkeit, solche erzeugen zu können:

>	*»Kyperngeborene Kythereia, Dich singe ich, die Du*
süße Gaben den Menschen gewährst. Dein sehnendes Antlitz
lächelt ja immer und ist überflogen von blühender Sehnsucht.
Heil, o Göttin, Du Herrin von Salamis herrlichen Höhen
und des umfluteten Kypros. Gib sehnsuchtsüße Gesänge.
Ich aber werde Deiner und andrer Gesänge gedenken.«

Zuletzt eine Hymne, die Aphrodite als Herrin der Nacht und des
Eros anspricht:

>	*»Der Mantel der Nacht ist ausgebreitet,*
wer kann seine Edelsteine zählen?
Sie öffnet die Flügel und bringt Traum und Schlaf,
die Nacht ist mein.
Nimm mich auf,
Du Nährerin der Götter,
Du Herrin der Opfer.
Du schützt uns vor bösem Schicksal
und entflammst jeden Abend
die Altäre des Eros.
Du Herrin der Nacht und des Tages,

Mutter des Eros, heilige Göttin.
Du weckst die Stimme in den tausend Vögeln,
Du entzündest die Herzen in den tausend Seelen.
Durch Dich wird süß jedes leidvolle Ereignis,
durch Dich leben wir und sind wir.«

Kapitel 14

Abſchluß

In vielen Überlieferungen, die ich in diesem Buche zusammenge-
stellt habe, wird Freyja als züchtig dargestellt, in anderen gerade ge-
genteilig. Wir müssen dabei bedenken, daß in christlicher Zeit die
Hemmungen, eine Göttin nicht moralisch verwerflich darzustellen,
geschwunden sind. Den Christen waren Göttinnen sowieso su-
spekt, noch eher als Götter, und so stellten sie sie entsprechend ne-
gativ dar. Während Venus seit der Antike meist nackt oder halb-
nackt dargestellt wurde, zeigen die Freyja-Darstellungen der Germanen die Göttin immer bekleidet; das zeigt, daß der Aspekt der
Erotik hier weniger bedeutend war als bei Römern und Griechen.

Wenn wir unsere Überlieferungen genauer betrachten, dann mer-
ken wir, daß viele Negativdarstellungen nicht zutreffen. Wenn Loki
Freyja vorwirft, den eigenen Bruder umarmt zu haben, dann wissen
wir, daß das gar nicht stimmt; wenn Freyja Geliebte Óðins ist, dann
in einer Zeit, wo Sie noch nicht vermählt war. Wenn Sie sich mit
Zwergen verbindet, dann, weil die Frühlingserde eben die Alben als
Wachstumskräfte braucht; wenn Aphrodite sich mit Anchises verbindet, dann nur deswegen, weil Zeus es Ihr so auferlegte; da konnte Sie gar nicht anders handeln.
Dazu kommt, daß die Vanengötter in diesen Fragen etwas freizügi-
ger denken, als die Ásengötter. So sagt der Gott Njǫrðr (Lokasenna
33):

»Der Schaden ist klein, wenn Frauen einen Ehemann nehmen,
Einen Geliebten oder beides.«

Ich will nun die mythologischen Entsprechungen und Zuständigkeiten zusammenstellen. Von wenig Gottheiten kennen wir so viele
Bereiche.

Abb. 23: Freyja mit Katzenwagen. Zeichnung von Giovanni Caselli.

Freyja ist Göttin der Nacht und des Mondes. Sie ist dann auch
Göttin der Morgenröte (Ostara) und des Frühlings oder der blu-
mengeschmückten Frühlingserde. Freyja als dem Meer entstammte
Vanengöttin ist auch Göttin des Meeres, des Meerleuchtens und
des Meeresreichtums (Gold, Bernstein). Sie ist als Valkyre auch mit
Wolken verbunden, denn Valkyren zeigen sich auch in Wolken, reiten die Wolkenrosse. So ist Sie auch eine Göttin der Auswahl der
Toten, also des Todes, aber auch des Schutzes der Ihr Anvertrauten. Und Sie ist eine Kriegsgöttin, insbesondere auch des Kriegs
zur See. Freyja wird von den Schiffern angerufen, aber auch von
den Reisenden, denn Freyja reist Óðr nach und hat deswegen Ver-
ständnis für alle Reisenden. Ihr ist auch der Planet Venus geweiht.

Natürlich ist Freyja Göttin der Fruchtbarkeit und Liebe, der hohen Liebe und Jungfräulichkeit wie auch der Sexualität (neben Freyr) und der Hetären (Dirnen), Göttin der Liebeslieder und überhaupt aller Lieder, die kein bloßer Krach sind; denn Götter lieben Harmonie, Schönheit, Wohlklang und wahre Tonkunst. Freyja ist dann natürlich auch Göttin des Schauspiels und Theaters, des Films (Spielfilme), der Musik und der Kunst.

Freyja ist Helferin bei der Geburt und Göttin, die viele Krankheiten, insbesondere Frauenleiden, heilt. Sie ist auch Göttin des Zaubers, des ásischen wie des vanischen.

Freyja ist eine Göttin, die von allen Völkern, jeweils unter einem Namen ihrer Kultur, verehrt wurde und teils noch wird, zumindest für die indogermanischen Völker gilt das. So entspricht Sie unter anderem:

Voluptas („Lust, Vergnügen, Genuß", griech. Hedone) ist Tochter des Eros und damit Enkelin von Venus, Göttin der Lebenslust und geschlechtlichen Lust, wahrscheinlich mit Volupia, der Göttin des Wohlbefindens identisch, deren Tempel sich in Rom (Porta Romanula) befand.

Aurora (griechisch Eos) hatte ich schon in Kap 11 erwähnt.

Ausrine („Morgenröte"), litauische Göttin der Morgenröte und der Dämmerung.

Ushas, vedische Göttin der Morgenröte, der Weisheit und der Dichtkunst, jungfräuliche Tochter des Himmelsgottes Dyaush, Schwester der Sonne. Sie wird auch Dyotana („Lichtbringerin") genannt.

Rati („Liebe"), Indische Göttin der geschlechtlichen Leidenschaft, gilt als Indiens Venus.

Ishtar („Göttin"), akkadische Venussterngöttin, Göttin des Abend- und Morgensterns, Mutter- und Liebesgöttin, Göttin der Fruchtbarkeit und der Wollust, die oft als Kriegsgöttin dargestellt wird.

Astarte („die Üppige, Prächtige") ist syro-phönicische Vegetations-
göttin, Abendstern- und Muttergöttin, Geliebte des Adonis. Ihr
heiliges Tier ist die Taube.

Asratum ist babylonische Liebesgöttin, Herrin der Freude und der
sexuellen Erfüllung, gilt als Braut des Himmelsherrn.

Nanaja („Göttin des weiblichen Eros"), sumerische Mond- und
Kriegsgöttin, Herrin von Liebe und Frieden.

Sawuska, sumerisch-hurritische Göttin der geschlechtlichen Liebe
und des Krieges. Wie Aphrodite kann sie Gotteslästerer und Eid-
brecher durch Geschlechtsumwandlung bestrafen.

Bastet, ägyptische Göttin der Fruchtbarkeit und Liebe, als Katze
oder katzenköpfig dargestellt. Göttin der Freude, der Musik und
des Tanzes. Ihr wurden Katzen geopfert, doch war die Tötung einer Katze außerhalb des Kultbezirks ein todeswürdiges Verbrechen.

Anat (Vorsorge, Vorsehung, Himmelswille") syro-phönicische
Fruchtbarkeits- und Liebesgöttin, aber auch Kriegsgöttin. Wurde
auch als Jungfrau angerufen.

Qadesch, altägyptische Göttin der heiligen Ekstase und des sexuellen Vergnügens, Schützerin gegen Krankheitsdämonen. Auf einem
Löwen stehend dargestellt.

Mylitta, auch Belit („Herrin"), Name der Aphrodite bei den Assy-
rern. Jede babylonische Jungfrau mußte sich – nach Herodot – einmal im Leben zu Ehren Mylittas im Tempel einem Fremden hinge-
ben, der ihr Silber in den Schoß warf und sagte: „Fürwahr, ich rufe
die Göttin Mylitta an".

Weil die Liebesgöttin so beliebt war, versuchten die Christen, Sie ir-
gendwie zu ersetzen. Zuerst trat an Ihre Stelle die „Jungfrau
Maria", auf der Mondsichel stehend und mit einer Sternenkrone.
Daneben aber übernahmen andere Heilige Züge von Freyja oder
Bräuche von Freyja-Kulten an bestimmten Tagen.

Die heilige Agnes (Heiligentag: 21. 1.), der Name bedeutet „die Reine, Keusche", ist eine Ersatzheilige. Eheorakel und das Ausschwärmen der Bienen an ihrem Tage deuten auf die Liebesgöttin, da Agnes auch Braut des Wilden Jägers Wodan (Óðinn) ist, muß sie ein Ersatz für Freyja sein.

Aurelia (15. 10.) „die Goldene", ist Ersatz für die römische Göttin der Morgenröte Aurora, also Ostara (Freyja) oder einer der drei Nornen (Schicksalsfrauen).

Barbara (4. 12.) „die Barbarin" ist Schutzheilige der Artilleristen und aller mit Pulver und Feuer arbeitenden Menschen. Ein Spruch lautet:

»Heilige Barbara, hilf in der Not,
schenk uns Sieg, den Feinden Tod.«

Somit verkörpert sie die Anführerin der Valkyren, Freyja, wozu auch paßt, daß sie um gute Geburt angerufen wird und der Kirschbaum ihr geweiht ist.

Brigitta (1. 2.) „die Strahlende" bzw. „die Braut", ersetzt die celtische Göttin Brigid (Brigantia), Göttin des Feuers und der Geburt, die der germanischen Sinthgunt-Syn und Freyja entspricht.

Dorothea (6. 2.) „Geschenk Gottes", Blumen und Früchte schenkt sie und wird um eine gute Ehefrau angerufen. Entspricht der Freyja und vielleicht auch Gerðr.

Elisabeth (19. 11.) „El ist mein Eid", sie trägt einen Geburtsgürtel wie die Göttin Freyja das Halsband Brísingamen trägt.

Gertrud (17. 3. und 15. 11.) „Speer-Vertraut", schützt vor Mäusen, heilt Kranke, ist Seelenführerin, Frühlingsbotin und Sommerbraut und wird um gute Herberge angerufen, siehe Kapitel 8.

Hedwig (17. 10.) „dem Kampfe geweiht", sie taucht mit einem Heere gewappneter Männer auf und ist wohl eine Valkyre und zieht in der Wilden Jagd um.

Lioba (28. 9.) „Liebe". Ihr Name ist identisch mit dem Beinamen der Liebesgöttin bei den Wenden, der „Ljuba" (von althochdt. liob, russ. ljub „Liebe") lautet. Damit entspricht Lioba der Göttin der Liebe, des Frühlings und der Geburt, Freyja, siehe Kap. 12.

Notburga (14. 9.) „Not-bergend", ist Patronin der Vielgeburten. Nach der Legende hing sie ihre Sichel an einem Sonnenstrahl auf. Somit scheint sie eine Göttin der Mondsichel zu ersetzen, also Freyja, worauf auch zwei weiße Stiere hindeuten, die bei ihrer Beerdigung waren. Der Bezug von Freyja zu Stieren wird durch den Gefjonmythos überliefert (Kapitel 5).

Susanna (19. 2., al. 19. 12.) „die Lilie". Susanna wird mit einem Apfel dargestellt und in Wiegenliedern erwähnt; ihr Name wird als „die Sausende" umgedeutet. Patronin der Obstbäume, der Augen und Glocken. Möglicherweise entspricht sie der Göttin Freyja.

Verena (1. 9.) „die Zurückhaltende, sich Scheuende", Patronin der Dirnen, beschert den Mädchen Männer, auch Kindersegen, ihr Gürtel wird bei schwerer Geburt verwendet. Sie entspricht der Liebesgöttin Freyja, die ja solch einen Geburtsgürtel besitzt.

Veronika (4. 2.) „die Siegbringende". Sie bringt Heiratslustige zusammen und entspricht der Freyja oder einer ihrer Valkyren.

Freyja wurde besonders in den Jahresfesten Ostern (als Ostara) und Maifest verehrt, wie die Bräuche dieser Feste noch andeuten. Auch zu Winternacht sind Freyja-Bräuche erhalten. Und vermutlich wurde und wird Sie auch an Vollmonden verehrt.

»Fragt man dich, wo du denn die Götter, die du so hoch verehrst, gesehen und woraus du ihr Dasein erkannt hast, so antworte: Sie sind erstens schon für das leibliche Auge sichtbar, zweitens habe ich auch meine eigene Seele nicht gesehen und ehre sie dennoch. Gerade so halte ich es auch mit den Göttern. Aus den von allen Seiten mir gebotnen Proben ihrer Macht schließe ich auf ihr Dasein und verehre sie.« – Marc Aurel, römischer Kaiser (geb. 121, gest. 180).

Abbildungsnachweis:

1, 7, 10, 16: Alvíssmál – Forschungen zur mittelalterl. Kultur Skandinaviens, 2001;

2: Bernhard Maier, Lexikon der keltischen Religion und Kultur, Stuttgart 1994;

3, 9: Brockhaus Konversations Lexikon, Leipzig 1896;

4, 5, 13: G. Williams, P. Pentz, M. Wemhoff (Hrsgb.), Die Wikinger, München 2014;

14: Wikinger, Waräger, Normannen, Ausstellung des Europarats, Berlin 1992;

6: Jörg Lechler, 5000 Jahre Deutschland, Berlin 1937, Struckum 1983;

8: R. W. Pinson (Hrsgb.), Deutsche Götter- und Heldensagen, Bayreuth 1981;

11: Eigenes Photo;

12: Hartmann Schedel, Weltchronik 1493, Faksimile 2005;

15, 17, 18, 21: Archiv des Verfassers, Wikimedia;

20: Photo Reijk Zwintzscher;

22: Gerhard Bellinger, Knaurs Lexikon der Mythologien, Augsburg 2000;

23: G. Caselli, B. Branston, Götter und Helden der Wikinger, 1979.

Literatur:

Anton Weiher (Hrsgb.), Homerische Hymnen – Griechisch und deutsch, München 1970;

Tassilo v. Scheffer (Übers.), Die Homerischen Götterhymnen, Bremen 1974;

Paul Herrmann (Hrsgb.), Erläuterungen zu den ersten neun Büchern der Dänischen Geschichte des Saxo Grammaticus, Leipzig 1901;

Felix Niedner (Übers.), Snorris Königsbuch (Heimskringla), Düsseldorf, Köln 1965;

Gustav Neckel, Felix Niedner (Übers.), Die jüngere Edda mit dem sogenannten ersten grammatischen Traktat, Düsseldorf, Köln 1966;

Johann Heinrich Voß (Hrsgb.), Homers Werke, Stuttgart 1878;

Manfred Fuhrmann (Übers.), Tacitus Germania, Stuttgart 1971;

S. Isselbächer, D. Mosbach, I. Priebe (Übers.), Ásmundarsaga Kappabana – Die Saga von Ásmund, Leverkusen 1988;

Diethard H. Klein, Das große Hausbuch der Heiligen, Augsburg 1995;

Árpád v. Nahodyl Neményi, Die Jüngere Edda – Altnordisch und deutsch, Norderstedt 2017, 188 Seiten, ISBN 978-3-7448-9974-1, 14,80 €.

Árpád v. Nahodyl Neményi, Götterlieder der Edda – Altnordisch und deutsch, Norderstedt 2017, 316 S., ISBN 978-3-7448-1008-1, 16,80 €.

Árpád v. Nahodyl Neményi, „Heldenlieder der Edda – Altnordisch und deutsch", Norderstedt 2017, 316 S., ISBN 978-3-7528-5722-1, 16,80 €.

Géza v. Neményi, „Kommentar zu den Götterliedern der Edda – Teil 1, Die Odinslieder", Kersken-Canbaz-Verlag, Holdenstedt 2008, 250 Seiten, 20 teils farbige Abb., ISBN 978-3-89423-133-0, 29,80 €.

Géza v. Neményi, „Kommentar zu den Götterliedern der Edda – Teil 2, Die Thorslieder", Kersken-Canbaz-Verlag 2012, 151 Seiten, 26 teils farbige Abbildungen, ISBN 978-3-89423-133-0, 22,90 €.

Géza v. Neményi, „Kommentar zu den Götterliedern der Edda – Teil 3, Die Vanenlieder", Kersken-Canbaz-Verlag, Holdenstedt 2014, 221 Seiten, 11 Abbildungen, ISBN 978-3-89423-136-1, 27,80 €.

Árpád von Nahodyl Neményi, "Kommentar zur Jüngeren Edda", Norderstedt 2016, ISBN 978-3-7431-8114-4, 19,80 €.

Árpád v. Nahodyl Neményi, „Die Externsteine – Sagen, Überlieferungen, Volksglaube". Norderstedt 2018. 152 Seiten, Großformat, 70 meist farb. Abb., ISBN 978-3-7460-0671-0, fest gebunden, 28,– €,

Árpád v. Nahodyl Neményi, „Thors Hammer – Mythen, Überlieferungen, Erkenntnisse". Norderstedt 2019. 124 Seiten, 37 teils farb. Abb., ISBN 978-3-7504-1389-4, 9,80 €,

Catrin v. Nahodyl, „Die Macht von Baum und Busch – Magie und Heilkraft der Bäume und Sträucher". Norderstedt 2017. 116 Seiten, 45 farbige Abb., ISBN 978-3-7448-2191-9, 18,– €.

Catrin v. Nahodyl, „Hexen – Schamaninnen Europas". Norderstedt 2017. 152 Seiten, 19 teils farbige Abb., ISBN 978-3-7448-1416-4, 18,– €.